元気のないおさむのにげにげ日記

うつ病クィアのみている日常

元気のないおさむ

花伝社

まえがき

こんにちは
元気のないおさむです
いぇーい!!
5年ほど前にうつ病と診断されました
診断書
なので毎日ぐったりしています
…………
そんな映えない日常をマンガにしてみました
えいッ
よかったら読んでみてください
あッ
そういえばゲイです
PRIDE!

目次

第３部　寝たきりからの回復

第1部
元気がない、生産性もない

寝たらちょっとスッキリする
普段はそんなこと考えないのに、平気なのに、
ふとした時に、急にガクッと落ち込む
あ、ヤバいかも
どうしてみんなができることが、自分にはできないのだろう?
「みんな」と一言でいっても、すべてのひとがそれに当てはまるのではないことはわかってるつもり
けれど、それがわかっててもどうしても落ち込む
みんなはさー、学校や会社に行って通勤通学してやりたくないこともそれなりにこなしてホントすごいよ……
死にたくなる前にもう寝ちゃお

乳酸がたまるとよくないみたい

2〜3年前
まだ自分が
パニック障害だと
分かってない頃
区営のジムに
よく通って、
筋トレをしていた
ハァ ハァ
アレ……?
なんか呼吸の感じが
おかしいぞ
頭もフラフラするし
なんか手も痺れる
貧血かもしれない
とりあえず家に
帰って休もう
そうして、帰り道
何度か気絶して
倒れていたことが
あった
誰も助けてはくれなかった……

うつのトリガー

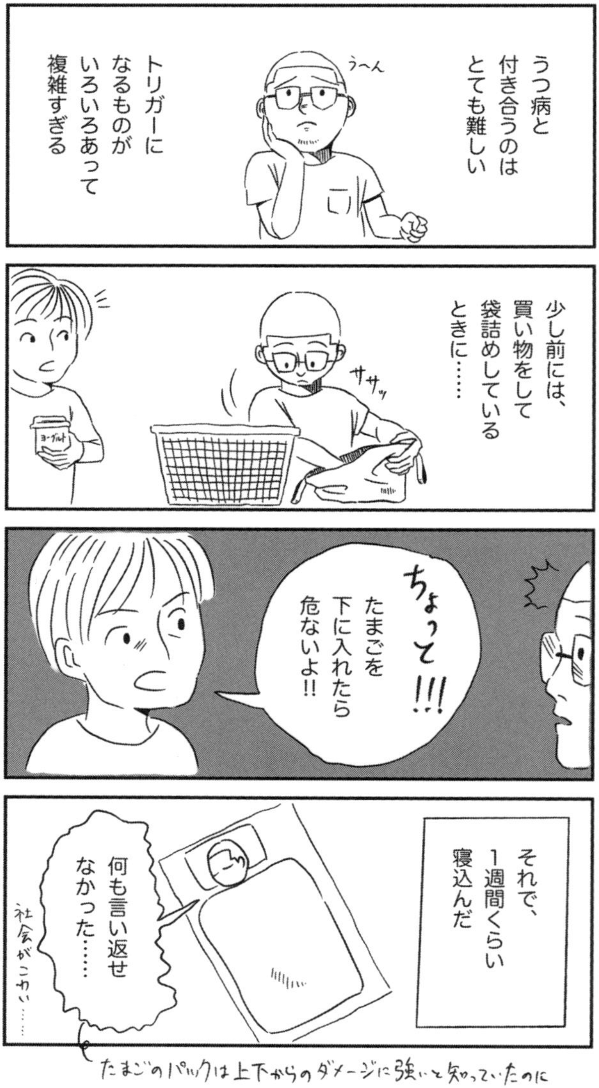
うつ病と付き合うのはとても難しい
う〜ん
トリガーになるものがいろいろあって複雑すぎる
少し前には、買い物をして袋詰めしているときに……
ササッ
ヨーグルト
ちょっと!!!
たまごを下に入れたら危ないよ!!
それで、1週間くらい寝込んだ
何も言い返せなかった……
社会がこわい……
たまごのパックは上下からのダメージに強いと知っていたのに

何もかも つまんねえ
ハァ ハァ
ハァ ハァ
人生つまんねえ
ハァ ハァ

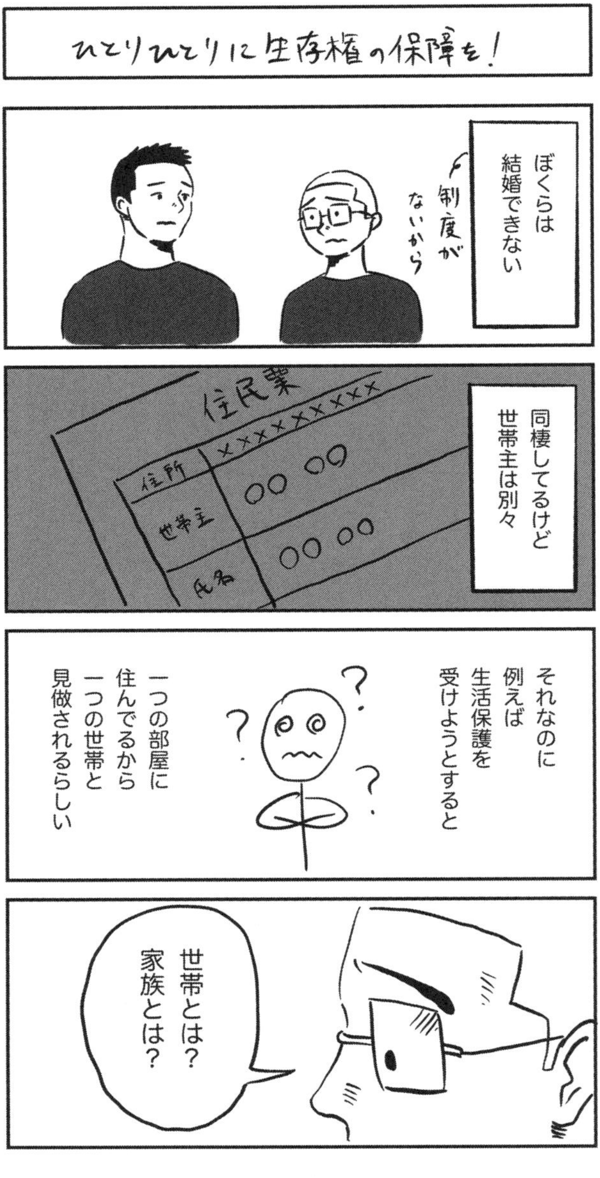
ひとりひとりに生存権の保障を！
ぼくらは結婚できない
制度がないから
同棲してるけど世帯主は別々
住民票
住所
世帯主
氏名
それなのに例えば生活保護を受けようとすると
一つの部屋に住んでるから一つの世帯と見做されるらしい
世帯とは？家族とは？

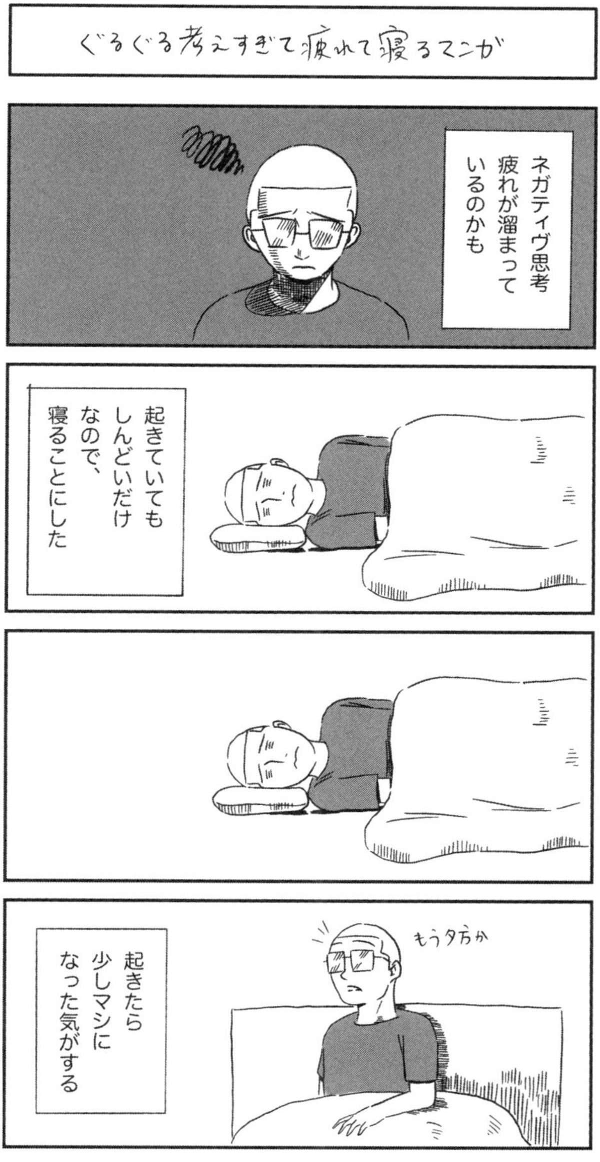
ぐるぐる考えすぎて疲れて寝るマンガ
ネガティヴ思考
疲れが溜まって
いるのかも
起きていても
しんどいだけ
なので、
寝ることにした
もう夕方か
起きたら
少しマシに
なった気がする

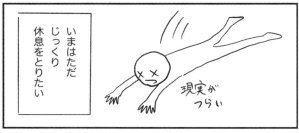

メンタルぼろぼろ
暮らしが
続いていく
しかし
ときおり
ふと気付く
メンタルが
ぼろぼろで
ぐったり
いま
生きているのが
とてもつらい
いまはただ
じっくり
休息をとりたい
現実が
つらい

あちこち故障中

うつが明け、1週間ぶりのまあまあ良い目覚め
今日こそは家事とか読書とかいろいろ頑張ろ〜
グキッ
常にどこかが悪いわたくし
いてえ

ひきこもり体質

精神障害者手帳をゲットした!!
障害者手帳
東京都
意外と小さい
(名刺サイズ)
手帳を持っていると博物館や美術館に無料で入れたり、都営の地下鉄やバスに無料で乗車できたりといろいろな恩恵を受けられる
病気や障害があると通院や薬などでお金がかかるし助かる……。
せっかくだしどこかへ出かけようかな
都営地下鉄が通ってる範囲って結構広いな
うーん やっぱり今日はやめておこう
おうちでダラダラしていたい!

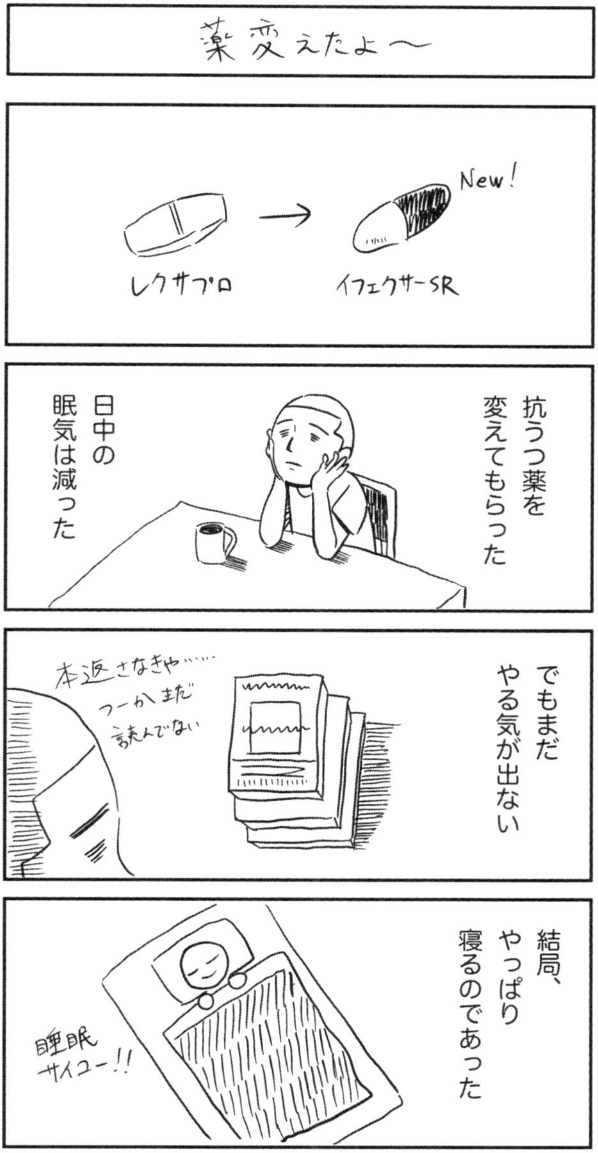
薬変えたよ〜
レクサプロ
イフェクサーSR
New!
抗うつ薬を変えてもらった
日中の眠気は減った
でもまだやる気が出ない
本返さなきゃ……
つーかまだ読んでない
結局、やっぱり寝るのであった
睡眠サイコー!!

眠れない夜

抗うつ薬を変えてから数日が経った
「意欲」が上がる効果があるらしい
イフェクサーSR
おっ
意欲わいてきた!!!
そしてそのまま朝まで眠れずに過ごした
チュン……
チュン……
さっそく躁転してて草

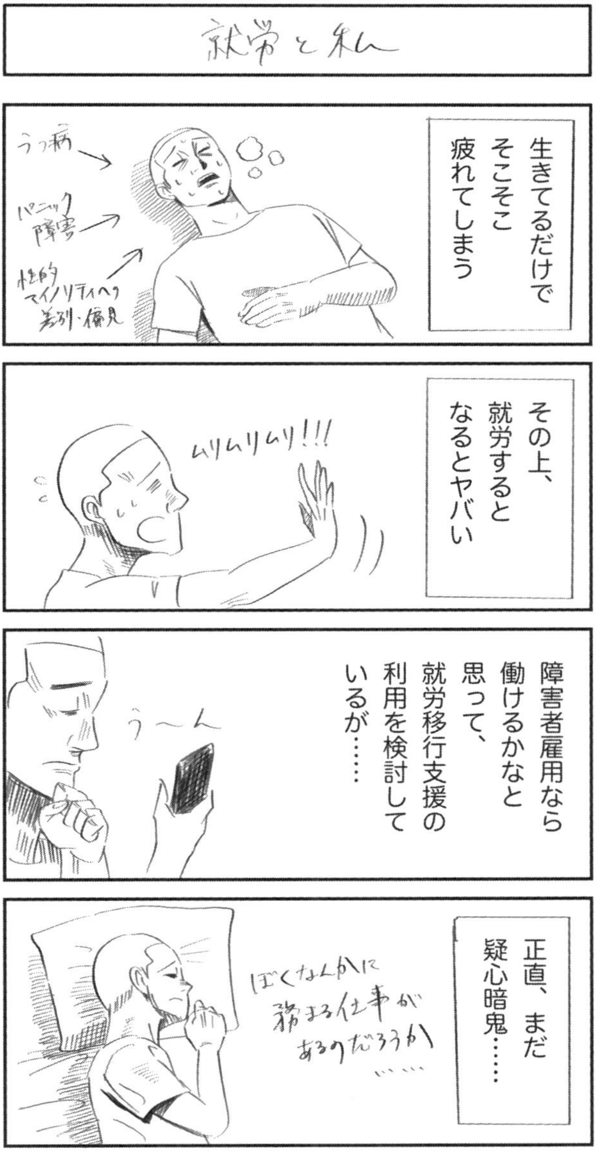
就労と私
生きてるだけで
そこそこ
疲れてしまう
うつ病
パニック障害
性的マイノリティへの差別・偏見
その上、
就労すると
なるとヤバい
ムリムリムリ!!!
障害者雇用なら
働けるかなと
思って、
就労移行支援の
利用を検討して
いるが……
う〜ん
正直、まだ
疑心暗鬼……
ぼくなんかに
務まる仕事が
あるのだろうか
……

またいつか

※同棲を解消してから約2ヶ月
またね
一緒にいる時間は減ったけれど、こまめに連絡は取ってるし
今日寒いね〜
たまに会ってお茶するのもすごく楽しい
うんうん
でも……
またしたいなあ同棲
ズズズ

しばらくは無理だけど……

※うつ病の悪化により失職し、病状がなかなか回復せず、収入がない期間が続いたため、同棲を解消しました。

トラウマ

高校生のとき
全校生徒の前で
カミングアウト
をした
I'm GAY
ホモきもーい!!
ギャハハ!!
(元)友人や
同級生からの
差別発言は
覚悟していたが
教師からの言葉は
キツかった
お前と一緒にいると俺もホモだと思われるだろ
あれから約十年
経ったが、
いまだに男性と
一緒にいるとき
嫌がられてないか
気になってしまう
ヘテロ
キャ
キャ

押し付けとは

ホモってキモいよな
ギャハハハ
保健の授業
思春期になると自然と異性を好きになります
しんどい
異性愛中心主義やめてくれ!!
思想の押し付けやめなさい

通院だるい

お泊まり

彼氏の家に泊まりに来た
おはっす
よくねむれなかった
おはっす
寝ぐせすごいことになってるよ
クシャ
クシャ
イヤ〜ッ

てんねん…？

彼氏
今朝読んだ本の話なんだけどさ、一九七〇年代にモナリザが日本に来て……
えっ!!モナリザが!?
えっ そんな驚く……？
えっ あのモナリザでしょ? 驚くよ……
生きてたんだ……
は？
ごめん
あ……モナリザのモデルになったひとが来たのかと思ってたわ

5年目

うわっ
もう十二月かー
早いな
なんか欲しいものとかあるー?
えっ
う、うーん
ま、まぁ……無いよね
自分もないわ
うん……
あったら自分で買っちゃうしね
……

ご自愛キャンペーン

寒いせいか
年末の慌ただしさ
のせいか
最近、疲れ気味
ちょっと
寝るか
そういえば、
今年の頭にも
体調を崩して
転職失敗したっけ
思い返せば、
年末年始の時期は
ほぼ毎年
調子良くないなあ
zzZ
ご自愛
しましょう

マジョリティってすげーっ

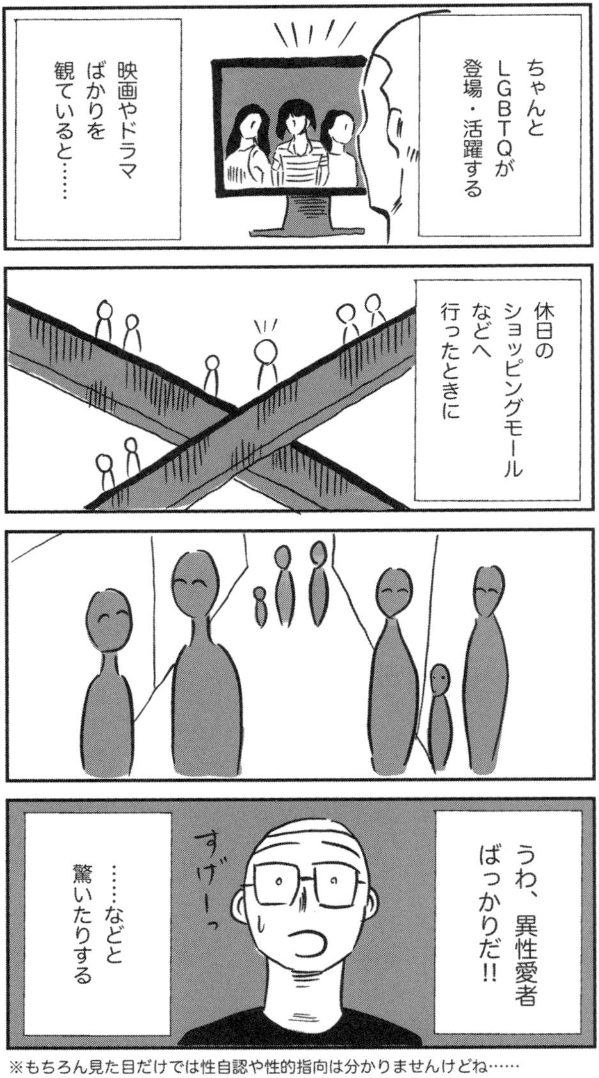

※もちろん見た目だけでは性自認や性的指向は分かりませんけどね……

コロナかも？

ある朝
彼氏が急に発熱
ゴホ
ゴホ
38.5°C
ある……
コロナかも
……？
家に余っていた
抗原検査キットと
ポカリを買って
持っていく
8:42
陰性でした
ポンッ
ひとまず
良かった……
しかし
安心はできない
偽陰性かも
しれないし
インフルエンザの
可能性もある
……

つづく

ついに来た
数時間後……
39.5°C!?
彼氏の熱が急上昇
しかし発熱外来はどこも予約が埋まっており空きがない……
午後になって奇跡的に（?）空きができたと連絡を受けて、急いで病院へ!!
結果……
16:32
陽性でした
ポンッ
こうして彼氏はコロナ陽性者となり2日前に彼と会っていたぼくは濃厚接触者となったのでした
OMG……

つづく

症状が……
濃厚接触者になったぼく
不安だ……
症状が……
翌日
35.8°C……
出ない!
3日後
モグモグ
出ない!!
そうして濃厚接触者の定義から外れたのでした

つづく

彼氏の症状
さて、一方
彼氏はというと
……
・高熱
・咳と喉の痛み
・頭痛
・腰痛
・全身の痛み
当然、買い物には
行けないので
代わりに買い出しへ
行ったり
定期的に
連絡を取ったり
ゴホゴホ
大丈夫?
そして
症状が出てから
5日後
37.1℃
まで
下がったよ
嗅覚が
なくなった
けど……
なんとか
落ち着いてきた
つづく

その後
2週間ぶりの再会
よっ
ちょうどこの時期（年末年始あたり）周りの友人や家族が次々とコロナ陽性になっていった
第8波マジでヤバいね
政府は一体何してんの
だよね

おわり

障害者手帳を活用したい①

障害者手帳を取得してから1年が経過した
障害者手帳
しかし……
1年で2〜3回しか使わなかった
障害者割引ぜんっぜん活用できてない……
そもそも体力的に外出が難しかったり……
満員電車がこわすぎる
パニック障害があるために公共交通機関を利用するのがこわかったりするから……

つづく！

障害者手帳を活用したい②

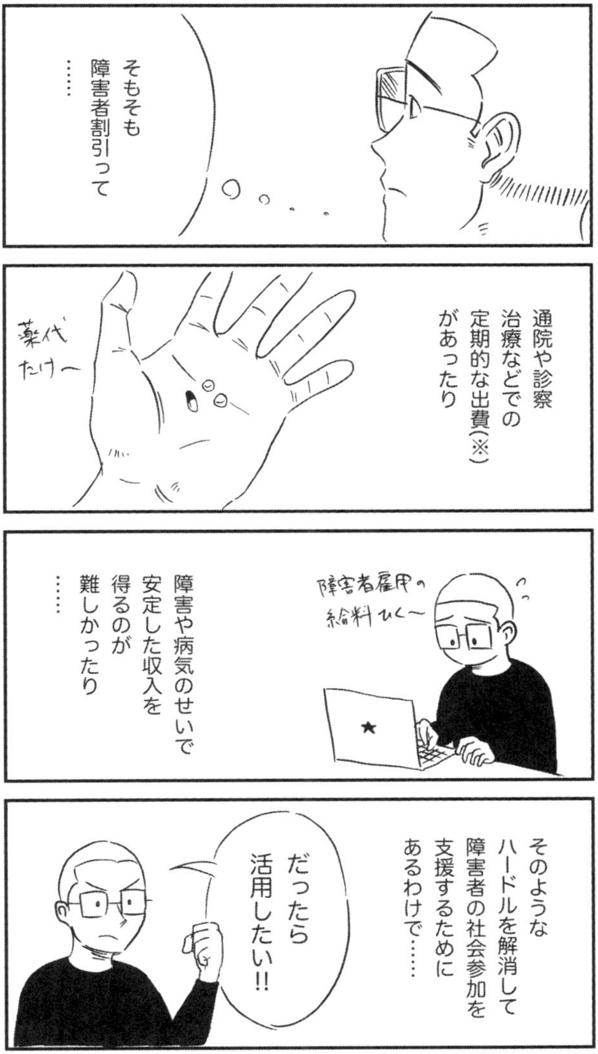

つづく!!

※自立支援医療費制度を使えば、自己負担額が1割になるけどそれでも負担は決して少なくないのだ！

障害者手帳を活用したい③

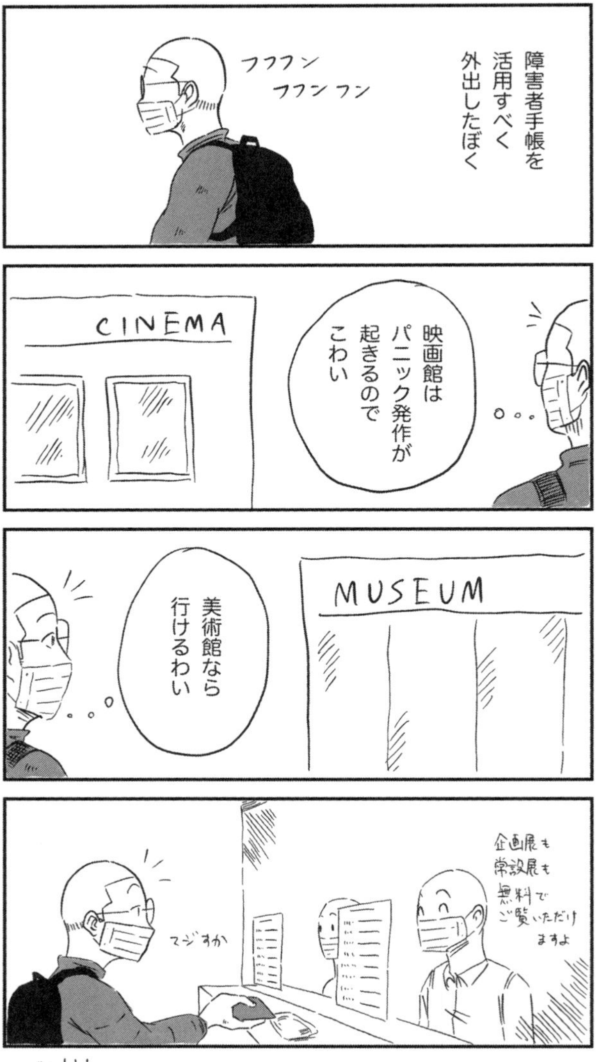

つづく!!!

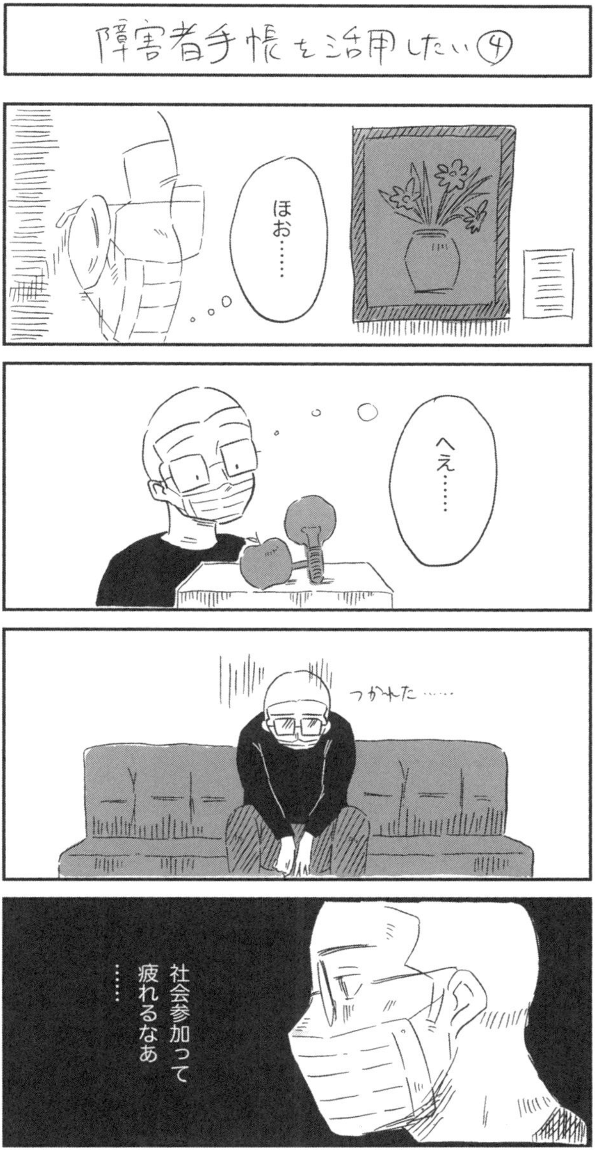

☆美術館は好きです

差別なくなれ

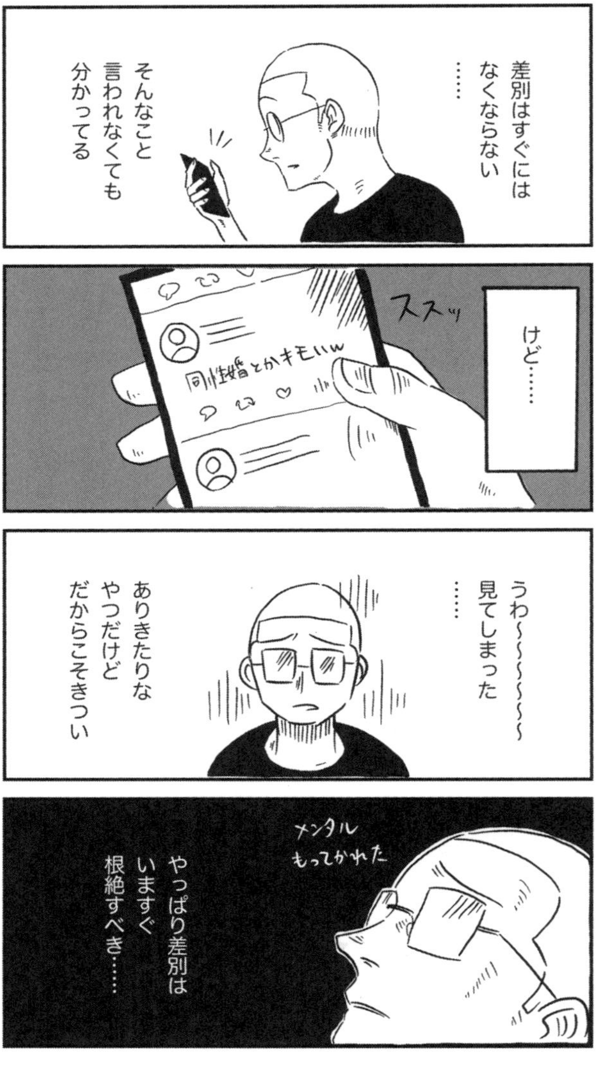
差別はすぐにはなくならない……
そんなこと言われなくても分かってる
けど……
ススッ
同性婚とかキモいw
うわ〜〜〜〜〜見てしまった……
ありきたりなやつだけどだからこそきつい
メンタルもってかれた
やっぱり差別はいますぐ根絶すべき……

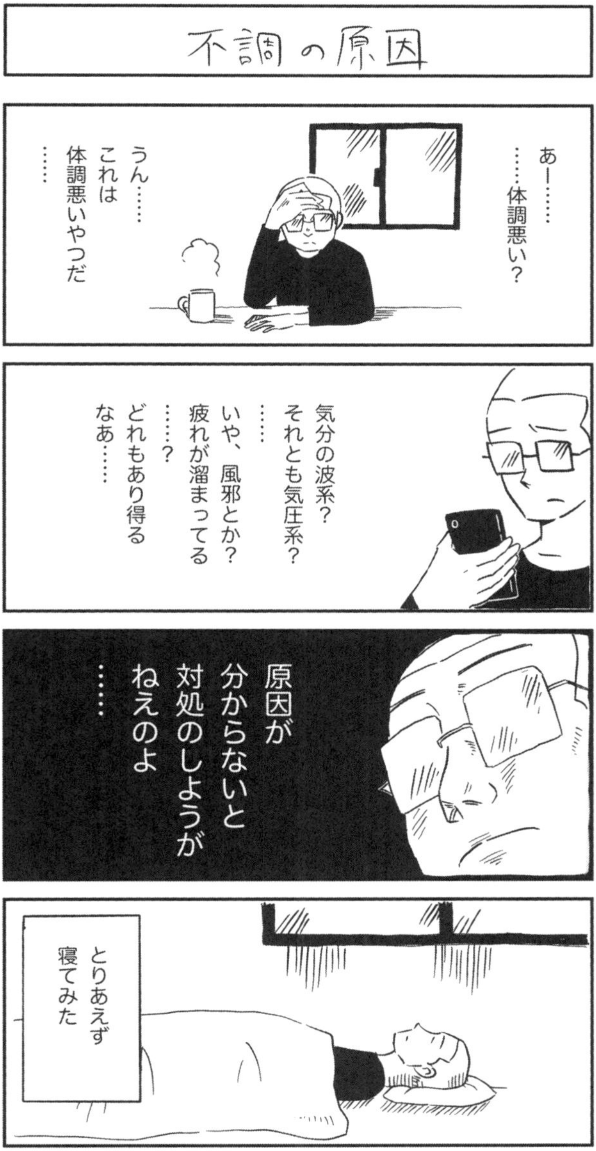
不調の原因
あー……
……体調悪い？
うん……
これは
体調悪いやつだ
……
気分の波系？
それとも気圧系？
……
いや、風邪とか？
疲れが溜まってる
……？
どれもあり得る
なあ……
原因が
分からないと
対処のしようが
ねえのよ
……
とりあえず
寝てみた

☆寝てダメだったら、また考えよう

不調のその後

起床
やっぱり不調のままだ……
ええいこうなったら奥の手だわ……
コートを着ただけ
なんとかして布団から出て着替えて出発!!
ひさびさのお散歩……
冷たい外気と暖かい日光に当たってみる……
きもち～
ちょっとだけエネルギーが湧いてきたかも……?

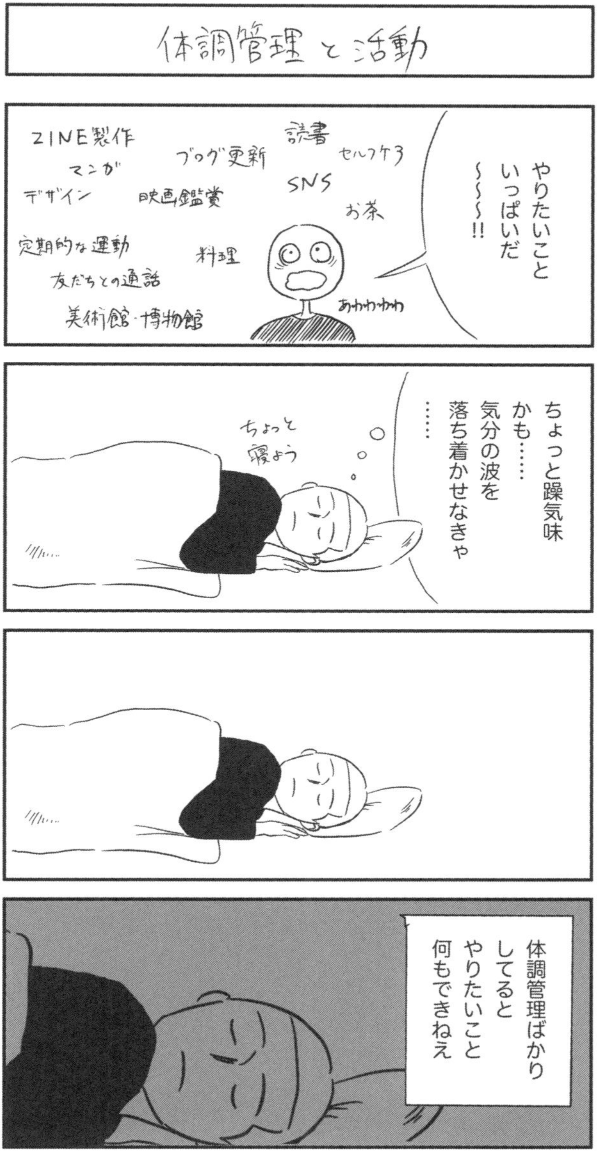
体調管理と活動
やりたいこといっぱいだ〜〜〜!!
ZINE製作
マンガ
デザイン
ブログ更新
映画鑑賞
読書
セルフケア
SNS
お茶
定期的な運動
料理
友だちとの通話
美術館・博物館
あわわわわ
ちょっと躁気味かも……
気分の波を落ち着かせなきゃ……
ちょっと寝よう
体調管理ばかりしてるとやりたいこと何もできねえ

無限に寝れる

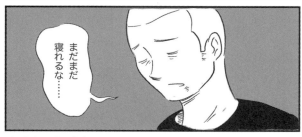

☆睡眠マジで安定してほしい……

交際6年目①

交際6年目②

交際6年目③

交際6年目④

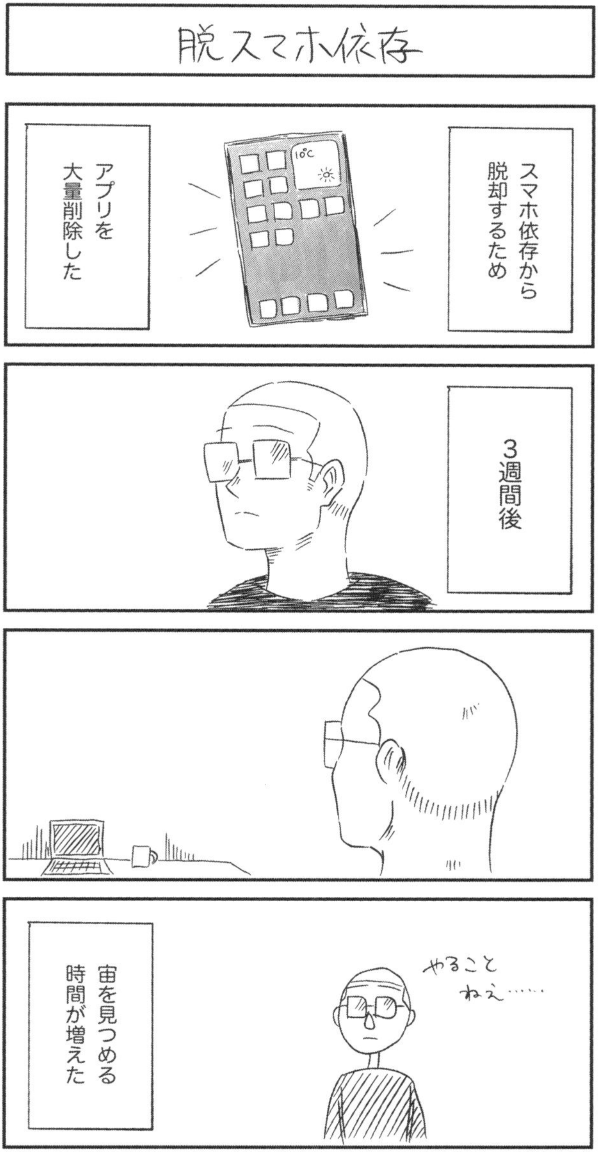

☆そのうち影絵とか始めそう

子どもの頃は
わりと元気だった
勉強もまあまあ
できたし
リレーの選手にも
なった
それから親の都合で
何度か転校した
おさむ
新しい環境に
慣れるのは
いつも苦手で
自分の居場所を
見つけるのは
困難だった

結局、学校には
馴染めず……
トトトト……
行ってきまーす
不登校になった
6年間くらい
引きこもった
元気がなくなった
のは多分この頃
あれから時が経ち
運動したり
服薬したり
してみたけれど……
なかなか元気に
なれずにいる

インタビュー①　並木満さん

精神障害を持つクィアと一言で言っても、実際の当事者のあり方は様々です。病気・障害の程度やそれらとの付き合い方、利用している制度やサービス、性的指向やジェンダー・アイデンティティ、これまでの経験や考え方などなど、どれをとっても三者三様です。

そこで、わたしの周りにいる3名の精神障害を持つクィアにインタビューを実施してみました。それぞれの経験や考え方を通して、問題を多角的に捉えてみたいです。

今回は、レズビアンで双極性障害I型の診断を受けている並木満さんに、生活保護や住まいの問題などについて伺いました。

――まず、ご自身の病気や障害の状態について教えてください。

身体も含めいくつかあるのですが、公的な福祉を受けるものとしては、双極性障害（現在は双極症）Ｉ型があります。障害者手帳も精神のほうで取っています（３級）。いま35歳なのですが、10代のときから発症していて、診断を受けたのは20代の頃。いまは治療を受けてだいぶ症状は落ち着いています。

――病気や障害を抱えながらどのように生活されているか教えてください。

いまは通院しながら一般就労をしています。２０２１年頃、体調を崩して休職していたタイミングで実家がなくなり、引っ越さなくてはいけなくなってしまい、住まいを一緒に探してくれる自治体の制度を利用したり、生活保護を受給したりしました。

――現在の社会、例えば就労や福祉の制度について、思うことや変えてほしいことなどはありますか？

生活保護の基準額がすごい低い。ずーっと低いまま、いまに至っている。東京都の場合、家賃補助と生活補助合わせて13万円くらい。これで生活しろっていうんですよ。1年それで生活してみて、まあできなくはないけれど、じゃあゆっくり療養できたかって考えると、そうだとは胸張って言えない。本来であれば、障害があるんだからある程度保障されなければいけないのに、かなり切り詰めてやっていかないといけないせいで、余計に精神状態が悪化してしまう。わたしが生活保護を1年で抜けた理由は、生活するにあたってあまりにも余裕がなく、生きていくのが大変だったからでした。本当だったらもう1年くらい療養していたほうが良かったと、今後思うかもしれないです。

それから、住む場所を探すときに、自治体が不動産会社や大家と仲介してくれる制度があったので利用してみたんですけれど、精神障害があることを告知しなければいけないらしくて、それをやるとたいていの大家さんは嫌がる。断られる。結局、自分で不動産会社にあたってなんとか部屋を探しました。働いて賃金を得るとか、生活していくためのお金を得るとかも大事だけれど、住む場所がないってそれ以前の問題だと思うので、もっとシリアスに考えてほしいです。

住居の問題はクィアにとっても共通のイシューだと思っていて、同性のパートナーと一緒に暮らすための部屋探しをしたときに「カップルとしては扱えない。ルームシェアというかたちじゃないと通せない」と言われたこともありました。「そんなことある？」と思って「異性カップルの場合もそうなんですか？」と聞くと、「男女の場合は違う」と。途方に暮れました。

——わたしは数年前まで、都内で同性のパートナーと一緒に暮らしていたんですけれど、うつ病が悪化して失業してしまって、家賃が払えないので引っ越さなくてはいけなくなりました。失業中の身で、しかも体調を崩している最中で、生活保護を受給するかもしれないという可能性も視野に入れながら引越し先を探すのはかなり大変で、その地域の共産党の区議会議員さんやＮＰＯ団体などに相談しました。そしたら、「この物件だったらすぐに入居できますよ」とか「ここだったら生活保護を受給していても大家さんに拒否されませんよ」とか紹介してもらいました。とても助かりましたが、それにしても住む場所ってこんなに簡単に失ってしまうのかと愕然としました。

そうなんですよね。本来であれば、いわゆる公営住宅がもっと必要なはずなんですけれど、東京都に限って言えば、新築の都営住宅って15年以上作っていないんですよ。築浅の都営住宅でも築20年くらいで、古いところだと築50年オーバーがゴロゴロしている。そういうところですら応募倍率が100倍とか200倍とかだったりする。公営住宅って家賃が収入によって変動するので、わたしも最初に引越しするときに都営住宅を検討したんですけれど、倍率を見て怖気付いてしまいました。選択肢として公営住宅を選べないような状況になってしまっています。そこはちゃんとしてくれよと思います。

――住居の問題は精神障害者にとってもクィアにとっても共通のイシューだというお話でしたけれど、ほかに、精神障害を抱えたクィアという、いわゆるダブルマイノリティの立場で何か思うことなどはありますか？

20代の頃にクィアの集まりに顔を出したことがあって、おもにネット上でやりとりしていたんですけれど、たまたまサシで飲むことになったひとがいて。精神疾患があったり働けていなかったりって話は以前からしていたんですけれど、そのひとがある意味で「良いひと」「善良なひと」って感じで、いろいろ助言などしてくれたんですが、いまいちピンとこなかったんですよ。で、後日、別のひとから聞いた話だと、そのひとが「並木さんは、思っていたような障害者じゃなかった」と言っていたらしくて、ちょっとショックでした。ショックっていうか、ちょっと面白かったですね。障害者という存在と、それを助ける自分という関係に夢を見ていたんでしょうね。「クィアについて解像度の低いイメージで語られるのが嫌だ」って話していたようなコミュニティで、障害者については解像度が低いんだなあって思いました。そんなこともあったので、「障害者とクィアは分かり合えない」とまでは思わないけれど、最初から分かり合えているとは考えられないです。

——ありがとうございました。

〈並木満さんプロフィール〉
並木満（ナミキミチル）
１９８９年生まれ。東京出身在住。
双極症Ⅰ型、婦人系疾患持ち。最近胆嚢に14㎜のポリープが暮らしはじめました。
とある地方議会の某議員団の事務局をやっています。野球と演劇と日本史と小説執筆が好き。パートナーと幸せに暮らすことを夢見るレズビアン。
Twitter → @NAMIKImcr

第2部
精神障害と就労

就労移行支援

半年前
障害者枠での就労を目指していた頃
ねむ……
十五時になりました
訓練を終えて日報を書いてください
はーい
どうしてぼくが訓練なんかしなきゃいけないんだろう

「就労移行支援やめるマンガ」は『季刊　福祉労働』（一七五）現代書館、二〇二三年、四八～六一頁に掲載したマンガを元にしています。

失職

さらに一年前
急にうつ病が悪化して仕事に行けなくなった
10:13
上司
不在着信
上司
不在着信
転職したばかりだったのでそのまま失職
しばらくゆっくり休んで
おさむさんに合った働き方を探しましょう

とにかく休む

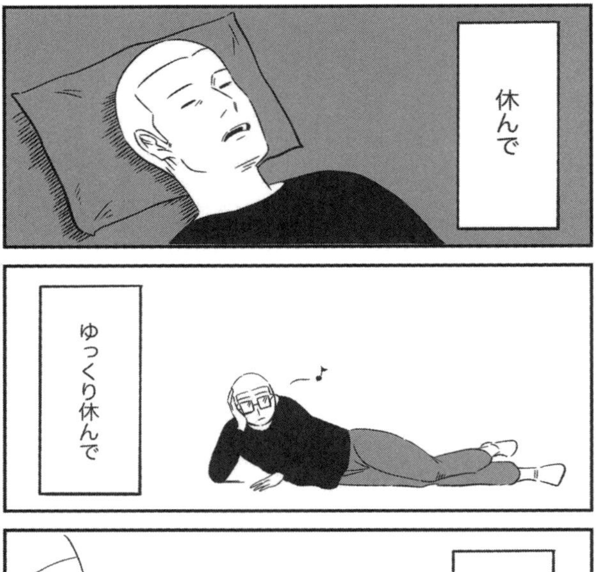
休んで
ゆっくり休んで
たっぷり休んで
そして……
就活始めていきましょうか

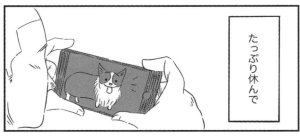

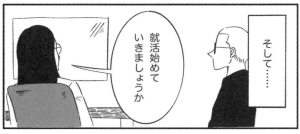

制度を使う①

主治医の勧めで
障害者枠での就労を目指すことに
働く自信を失っていたけれど
配慮を得ながらだったら働けるかも……と思った
そして
障害者の就活を支援する制度があると知り……
ありがとうございました
はーい
就労移行支援を利用することに

制度を使う②

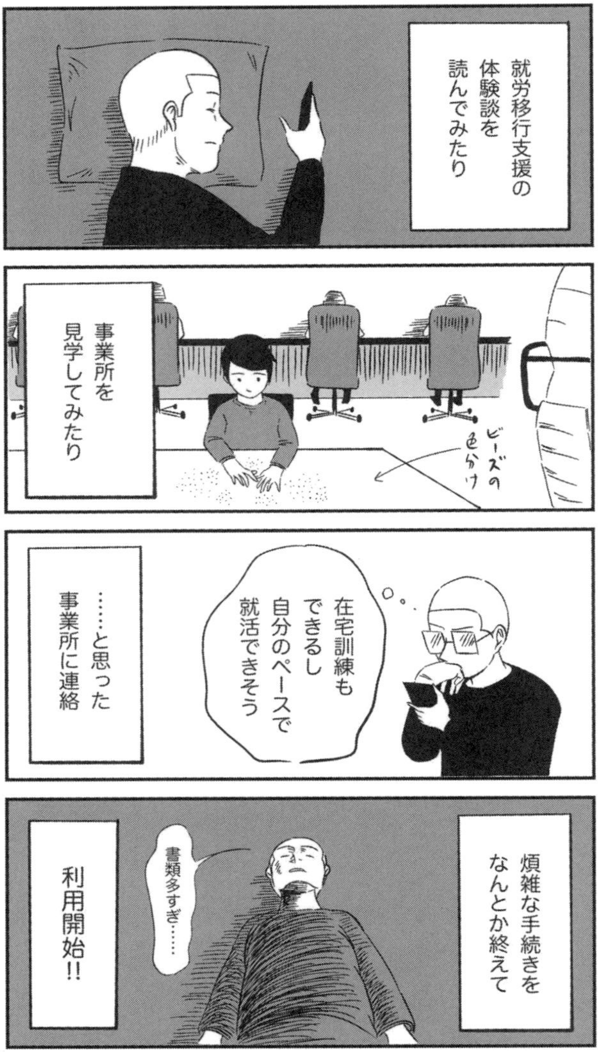
就労移行支援の体験談を読んでみたり
事業所を見学してみたり
ビーズの色分け
在宅訓練もできるし自分のペースで就活できそう
……と思った事業所に連絡
煩雑な手続きをなんとか終えて
書類多すぎ……
利用開始!!

訓練のある生活

おはようございます
今日は少し肌寒いですね
温かい飲み物などを飲みながら……
それでは……今日も一日
よろしくお願いします

障害特性

最初に
取り組んだのは
自分の障害特性を
把握すること
むむ……
働くうえで
企業に求める
配慮事項を
整理する……
パニック障害が
あるので
電車通勤は
したくない……
季節の変わり目や
気候・気圧の
変化に
弱いので
自由に休みが
とれる
環境がいい……
あと疲れやすいので
休憩多めで
業務も少なめに
してほしい……
こんなことばかり
書いてたら
落とされそう
時短勤務希望
ってだけ
書いておこう

体力落ちてる

日報を作成して
報告して……
今日の訓練終わり
疲れた〜!!
マジで
体力落ちてる
寝たきりが続いた
せいだなあ……
午前の訓練だけ
なのに
ぐったり……
体力って
どうやったら
つくんだろう
散歩から
始めてみるか

適応すべき？

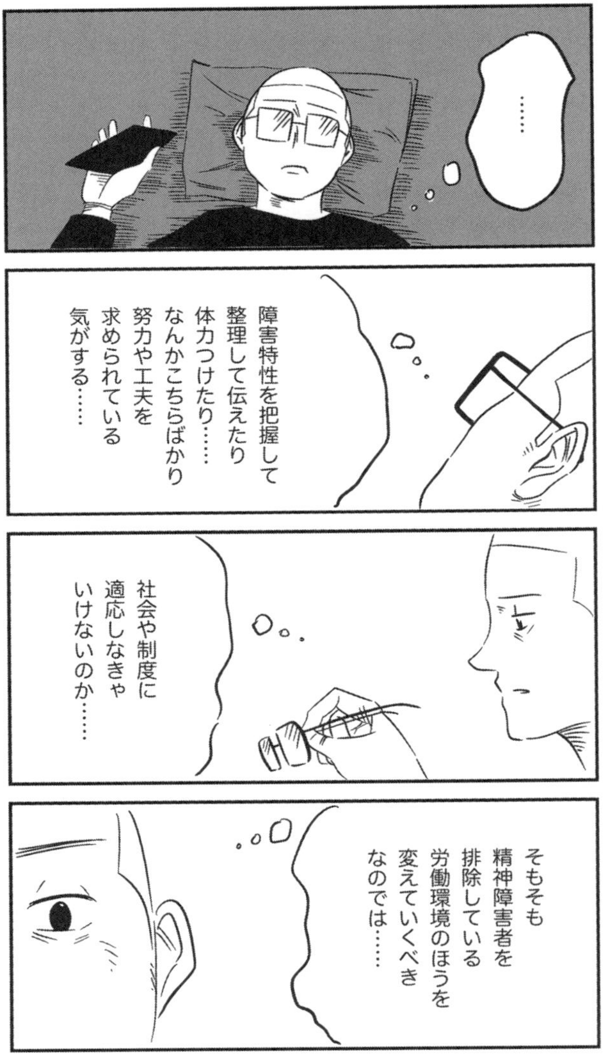
……
障害特性を把握して整理して伝えたり体力つけたり……なんかこちらばかり努力や工夫を求められている気がする……
社会や制度に適応しなきゃいけないのか……
そもそも精神障害者を排除している労働環境のほうを変えていくべきなのでは……

勤怠の安定

障害者雇用では
勤怠の安定が
第一に
求められる
特別なスキルや
立派な経歴
なんかより
毎日
決まった時間に
出勤して
仕事ができるか
どうか
しかし……
精神障害者は
体調を安定
させるのが
難しいことが
多いと思う
制度が実状に
合っていない
そもそも
体調が安定
していたら
給料が高い
一般枠で働く

動けない

利用開始から半年が経過
からだがうごかない……
体調が悪いので本日お休みします。熱はないのでコロナではなさそうです。
しんどい……
がんばりすぎたかな
分かりました。ゆっくり休んで下さい。

補助金

ピコッ
分かりました。ゆっくり休んで下さい。
電話面談だけでもしませんか？
えっ
体調悪いって言ってるのに……欠席すると事業所がもらえる補助金が減るから面談だけでもしたいってことかな……
その後2、3日ほど欠席したが
毎日必ず面談を提案された

利用停止

障害者雇用や
就労移行支援に
対する不満は
溜まっていき

お世話に
なりました
利用を
やめることに

ちなみに
利用期限を消費
せずにお休みする
こともできますよ

知らなかった……
それもっと早く
知りたかった……
そんなこんなで
利用停止

いま思うこと

あれから約半年
この間 何度も体調を 崩してきた
精神障害者に 勤怠の安定を 求めるのは酷だと あらためて思う……
合理的配慮は 必要だけど それだけでは 不十分……
障害の社会モデル の観点から 労働環境や 制度のあり方を 見直してほしい
この社会は 精神障害者の声を ぜんぜん 聞けていない
ぼくではなく 社会のほうが 訓練すべき

障害者雇用

☆この置いてけぼり感

あっ……
年1くらいで
ガッツリ寝込む
2~3週間くらい
布団から
動けなくなる
……あれ？
これじゃあ
働けなくない？
あっ……

10マス戻る

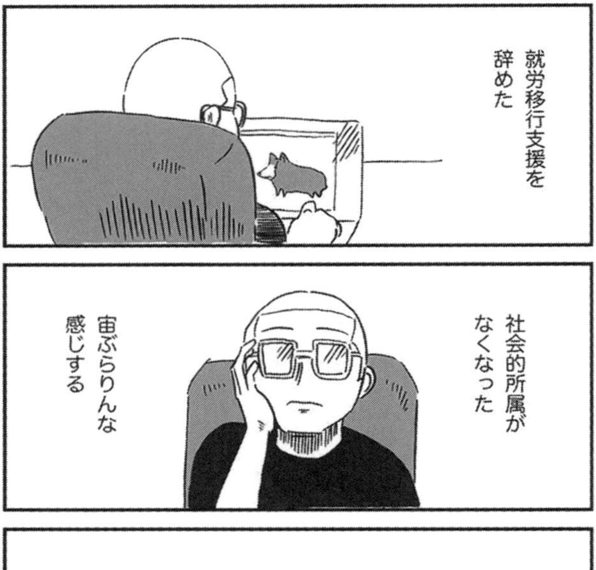
就労移行支援を
辞めた
社会的所属が
なくなった
宙ぶらりんな
感じする
日常的に
ひとと話すことが
なくなって
寂しい
はあ〜

☆またここに戻ってきた。。。

気分の波がヤバすぎた

上がったり下がったり

☆意欲って急に消えるよね

☆犬、触ったことないです

差別あるよ

当事者ですが差別されたことありません!!
LGBT法案いりません!!
ぼくはありますたくさん……
えっ
くるっ
差別されたことありません!!
えーっ

☆話聞いてよ……

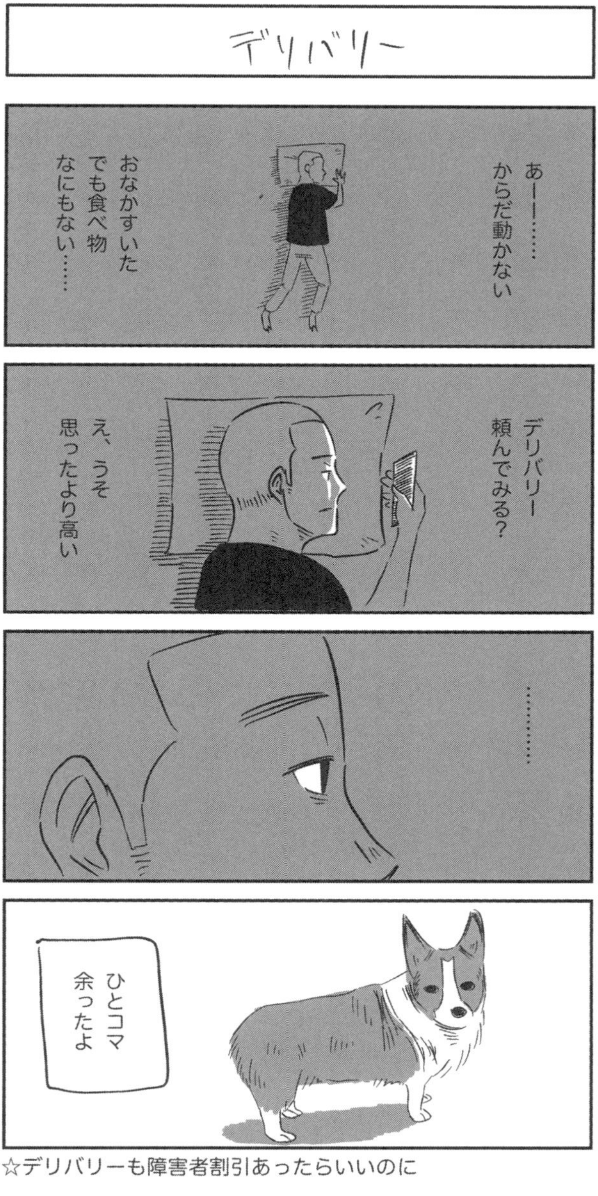
デリバリー
あーー……
からだ動かない
おなかすいた
でも食べ物
なにもない……
デリバリー
頼んでみる？
え、うそ
思ったより高い
………
ひとコマ
余ったよ

☆デリバリーも障害者割引あったらいいのに

うつと体力

体力がない
外出してもすぐ疲れて帰りたくなってしまう
軽い運動からはじめてみたりするけれど……
うつが悪化すればまた振り出しに戻るのだった

☆翼より体力をください

横の糸はわたし

☆やっぱ横でしょ

20kgくらい太った

☆精神障害者にお金を！！

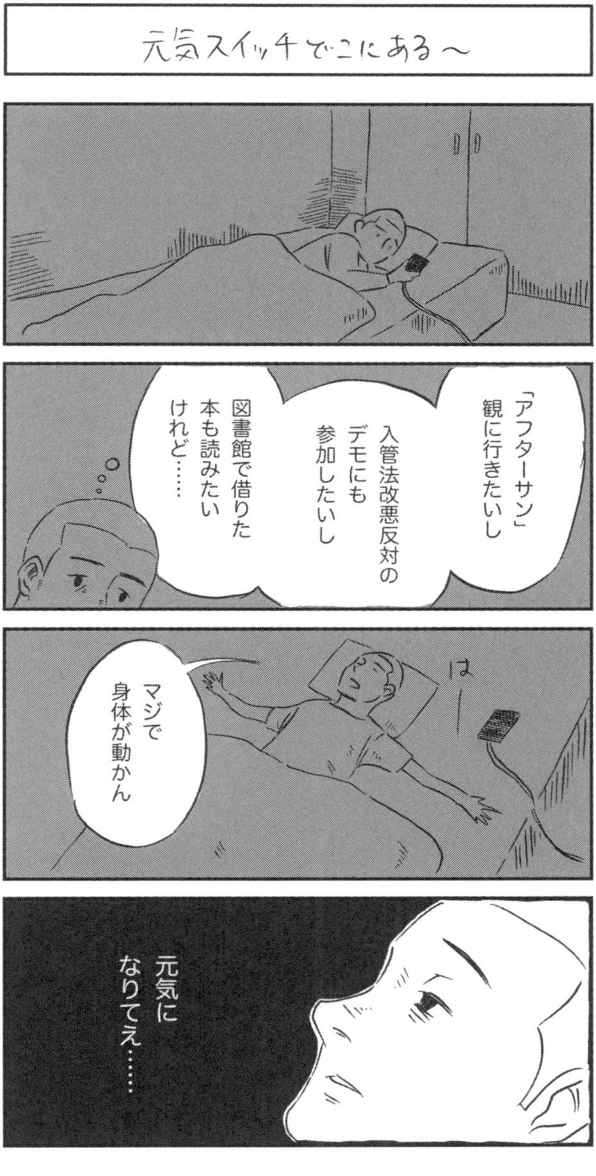
元気スイッチどこにある～
「アフターサン」観に行きたいし
入管法改悪反対のデモにも参加したいし
図書館で借りた本も読みたいけれど……
マジで身体が動かん
はー
元気になりてえ……

体力差

ぼくは体力が少ない
つかれたー
彼氏は体力が多い
あっちのほうも行ってみよう
お出かけのとき見て回るのは3店舗までにしない？
えー
それ以降は別行動で……
一緒に見て回ろうよ

☆ごめんけど無理……

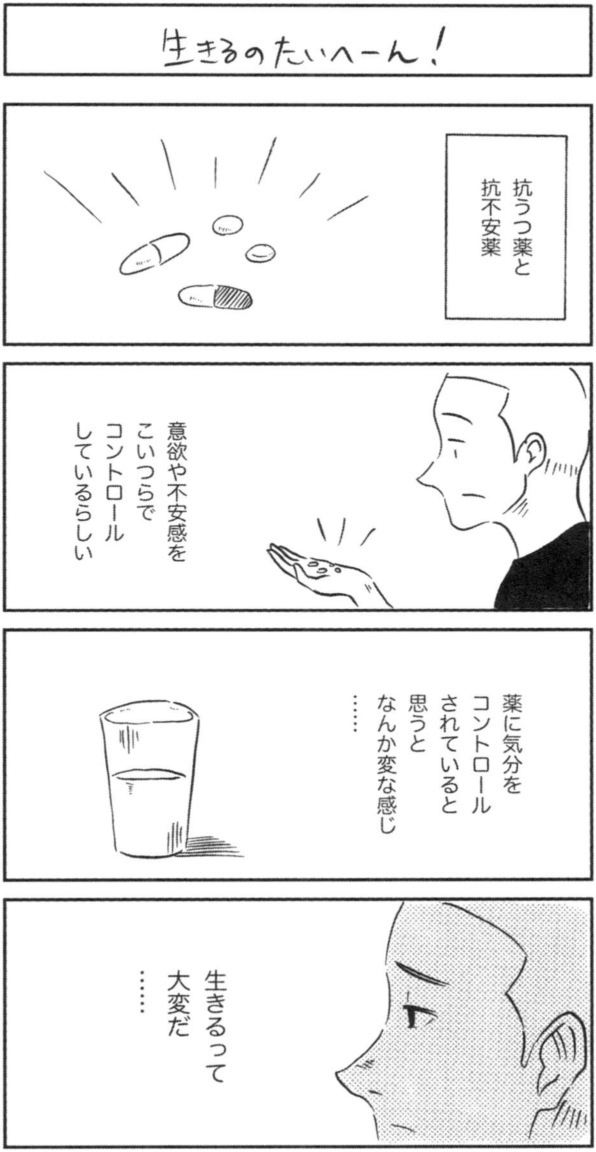
生きるのたいへーん!
抗うつ薬と
抗不安薬
意欲や不安感を
こいつらで
コントロール
しているらしい
薬に気分を
コントロール
されていると
思うと
なんか変な感じ
……
生きるって
大変だ
……

縦の糸もわたし

☆体力落ちすぎ

無理なときは無理

ユズちゃん①

つづく

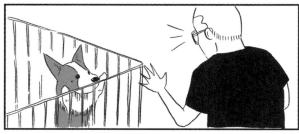

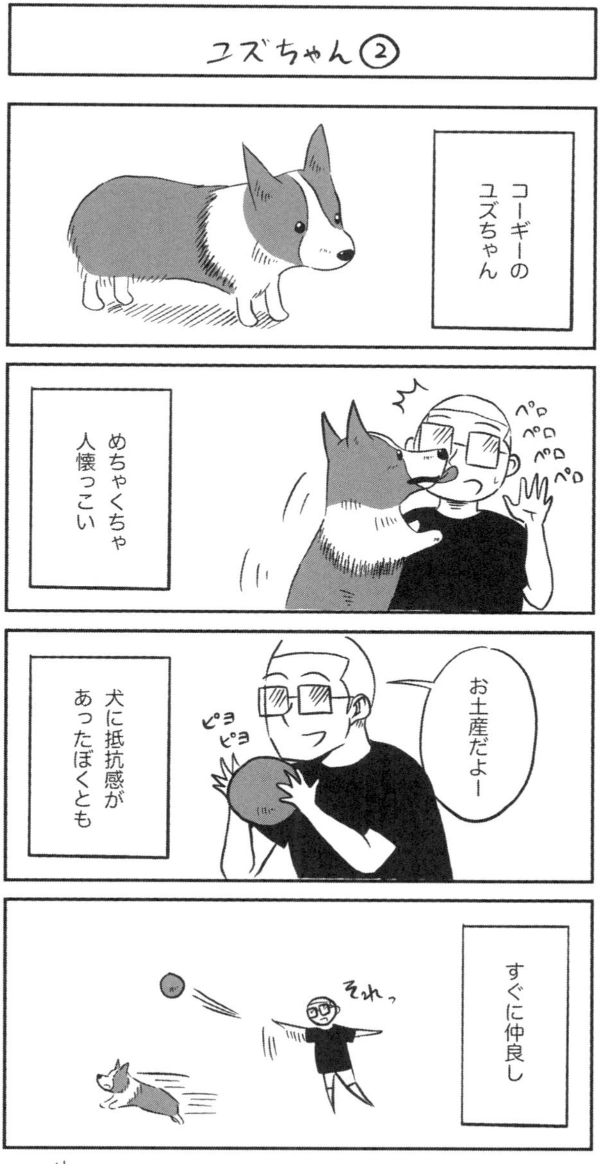
ユズちゃん②
コーギーのユズちゃん
めちゃくちゃ人懐っこい
ペロペロペロペロ
お土産だよー
犬に抵抗感があったぼくとも
ピヨピヨ
すぐに仲良し
それっ

つづく

ユズちゃん③

つづく

ユズちゃん④

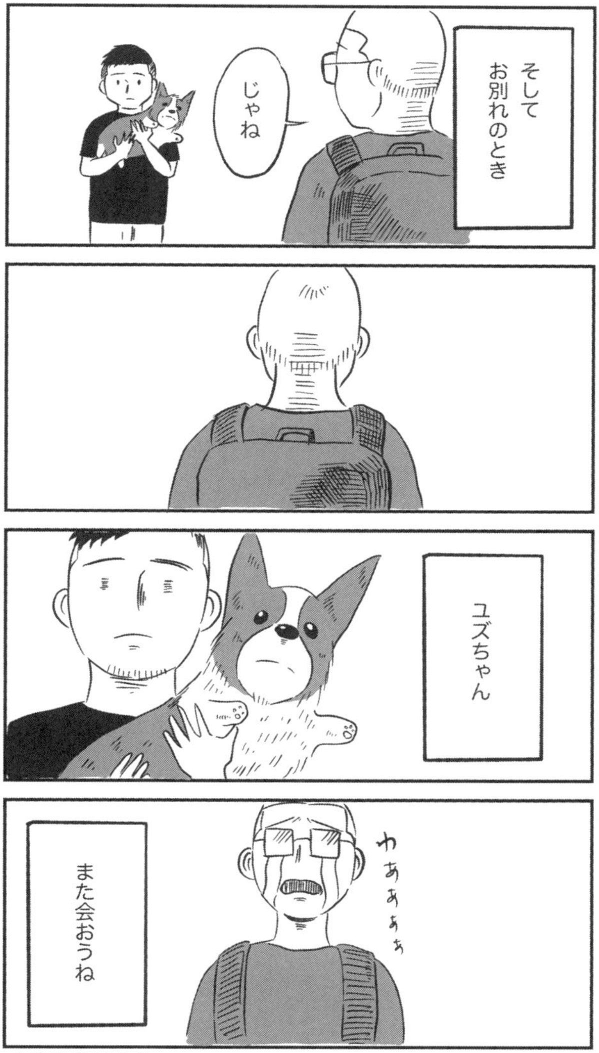

☆会えるのか？

精神障害者の1人として社会に求めたい10のこと

精神障害者のひとりとして、社会や政治、福祉制度についての不満や批判をマンガに描いてSNSなどに投稿していると、次のようなことをよく言われます。

「社会のせいにするな」
「自立してから言え」
「お前の努力が足りないだけだ」
「もっと感謝しろ」
「当たり前だと思うな」
「財源がないよ」

「コスパが悪いからやらないと思うよ」
「ほかの障害者に迷惑がかかるよ」
「わたしは問題なく（福祉制度を）利用できてるよ」
「社会のせいにしすぎ」

いちいち反論するのは大変なので、たいていは放っておきますが、これらの言葉の背景には、「精神障害者には黙っていてほしい」「社会のせいにせずに、個人の努力と工夫で頑張って乗り越えてほしい」という自己責任論的で新自由主義的な考え方が見て取れます。

しかし、自己責任論ばかりが蔓延る社会は貧しくなる一方だと思います。自己責任論で思考停止せずに、個人が抱える問題を社会にひらいていくことで、社会はより豊かになっていくのではないでしょうか。女性の参政権も、障害者差別禁止法も、バリアフリーも、先人たちが問題をひとりで抱え込まずに声を上げていったことで実現してきました。

問題はまだまだ山積みなので、これからも声を上げ続けたいと思います。

以下では、精神障害者のひとりとして、社会に求めたいことを列挙してみます。

・障害認定基準の条件緩和

精神障害を抱えることになって、収入がなくなったり減ったりした場合、障害年金の受給を検討する方が少なくないと思います。障害年金の受給に関わる「障害認定基準」を見てみると、例えばうつ病の場合、等級によってそれぞれ以下のような基準があります。

障害1級：高度の気分、意欲・行動の障害及び高度の思考障害の症状があり、かつ、これが持続したり、ひんぱんに繰り返したりするため、常時の援助が必要なもの
障害2級：気分、意欲・行動の障害及び高度の思考障害の症状があり、かつ、これが持続したり又はひんぱんに繰り返したりするため、日常生活が著しい制限を受けるもの
障害3級：高度の気分、意欲・行動の障害及び高度の思考障害の症状があり、その症状は著しくないが、これが持続又は繰り返し、労働が制限を受けるもの

障害年金は、初診日に加入していた年金制度によって「障害基礎年金」と「障害厚生年

金」に分けられ、もらえる金額も異なってきます。初診日に国民年金に加入しており、保険料納付要件を満たしており、障害1級、2級の場合は障害基礎年金がもらえます。厚生年金に加入しており、保険料納付要件を満たしており、障害1級、2級の場合は、障害基礎年金に上乗せして障害厚生年金がもらえます。また、障害厚生年金には、3級と障害手当金があります。

わたしは障害3級の精神障害者保健福祉手帳を取得しており、初診日には厚生年金に加入していたのですが、社労士がやっている障害年金の受給判定テストを受けると、必ず「非該当」の判定が出ます。おそらく家事などの身の回りのことは問題なくできているので、そこがネックになっているのではないかと思われます。就労はできないけれど、家事などの身の回りのことくらいはなんとかできているという状態のひとでも障害年金が受給できるよう条件を緩和してほしいです。

・障害年金の支給額アップ

障害年金の種類や等級については前述した通りですが、例えば障害厚生年金2級に該当したとしても、年間で約120～200万円ほどしか支給されません。障害2級は「日常生活が著しい制限を受ける」状態なので、かなり症状が重いです。もちろん就労は難しいです。これっぽっちの支給額で暮らしていくのはかなり大変です。さらに、初診日に国民年金に加入していた場合は、さらに支給額が減ります（年間で約80～130万円ほど）。これではまともに暮らしていくことは困難で、実家や親戚などから経済的な支援を受けるか、生活保護を受給するしかありません。

精神障害者は霞を食って生きているわけではありません。むしろ精神障害者は健常者よりもお金がかかります。体調が悪くて安い食材を買いに行ったり家事をしたりできないと、コンビニのお弁当やデリバリーで食事を済ませるようになり、食費がかさみますし、運動ができないと体重が増減して衣服代がかさみます。もちろん医療費や通院にかかる出費も発生します。最低限度の文化的な生活を営むためには、後述するように生活保護の受給額をアップすることに合わせて、障害年金の支給額もアップしてほしいです。

・生活保護の受給額アップ

生活保護を受給する場合、生活保護の受給額と障害年金の支給額を両方もらえるわけではなく、生活保護の受給額にプラスして月1～2万円ほどの「障害者加算」がされるだけです。また、精神障害者の場合のみ、障害3級だと障害者加算がありません（身体障害者や知的障害者とは扱いが異なります）。前述したように、実家や親戚などから経済的な支援を得られない場合、生活保護を受給するしかないという状態にある精神障害者は多いですが、生活保護の受給額は低く、円安や物価高が問題になっても受給額は上がらないばかりか、むしろ下げられている現状で、それに対して全国各地で訴訟が起きています。ゆっくり休養するためにも、お金が必要です。何より日本国憲法の生存権を保障する最後のセーフティーネットとして、いまの受給額ではあまりにも頼りなさすぎます。

・障害者雇用・A型作業所の賃上げ

障害者雇用やA型作業所の賃金は、障害年金を受給している前提で考えられていることから、最低賃金のところが多いようです。しかし、前述したように、障害年金の支給額は低く、また、障害認定基準を見ると、3級でも「労働が制限を受けるもの」、2級だと「日常生活が著しい制限を受けるもの」となっており、障害年金を受給しながら継続的に就労していくのはなかなか厳しい状況だと考えられます。「合理的調整（Reasonable Accommodation）」のもと、精神障害者がひとりでも暮らしていけるように、賃金を上げていく必要があります。

・障害者雇用・A型作業所で勤怠の安定を求めないように

そもそも勤怠が安定していれば、現状、より高い賃金が得られる可能性が高いので、障害を明かさずに一般枠での就労（クローズ就労）をしたほうが良いと思います。それができないから、「合理的調整」が必要だから障害者枠での就労を望んでいるのに、そこでも勤怠の安定を求められるというのは納得できません。障害者枠での就労を望む方が利用できる「就労移行支援」においても、体力づくりや勤怠の安定が求められがちです。精神障害者の側にばかり努力や工夫を強いるのではなく、企業の側に「合理的調整」を求める向きをもっと強化していくべきです。

・精神科のオンライン診療・電話診療の拡充

月に1~2回、精神科に通院していますが、診察自体は5分ほどで終わります。比較的元気なときはそれでも頑張って通院できますが、元気がないときは苦行です。元気がないから病院に行くのに、病院に行くためには元気が必要です。特に、夏場の通院は大変な苦行です。ただでさえ体力がないのに、たった5分の診察のために、40度近い気温のなかを移動するのは負荷が大きすぎます。

通院ができずに処方箋をもらえないと、服薬ができずに体調が悪化し、そのせいで通院ができず、服薬ができず……という悪循環に陥ってしまいます。すべての診療をオンライン診療・電話診療にすべきとは言いませんが、どうしても通院が難しいときだけでもオンライン診療・電話診療が選択できるようにしてほしいと思います。この問題については、内閣府のほうでも当事者団体にヒアリングをしたりして、議論がなされているようです。いち早くオンライン診療・電話診療が拡充されることを望みます。

・手帳の更新を2年ごと↓せめて5年ごとに

精神障害者保健福祉手帳は、2年に1度、更新の手続きをする必要があります。診断書を書いてもらうのに数千円の出費がかかるほか、申請書を記入して、証明写真を撮り、書類を揃えて役所に提出しなければなりません。たった2年で症状が劇的に良くなる例なんて稀だと思うので、せめて更新の頻度を5年に1回ほどにしてほしいです。若手アイドルでもないのに、2年おきに証明写真の更新を迫られるなんて、どのような必然性があるのか理解できません。

・自立支援医療の更新を1年ごと↓せめて5年ごとに

手帳は2年に1回の更新ですが、自立支援医療のほうは毎年更新が必要です。こちらも診断書代がかかるし、書類の記入や提出も必要です。経済的な負担や事務手続きの負担を減らすために、せめて更新の頻度を5年に1回ほどにしてほしいです。また、オンライン上で申請や更新ができるように整備を進めている自治体もあるようなので、より多くの当事者が利用できるよう拡充されていってほしいです。

・鉄道の障害者割引の謎ルール（同伴者が必要、単独利用の場合100km以上）の撤廃

2025年4月から、JRや大手私鉄などで、精神障害者も障害者割引を使えるようになりました（逆に言えば、それ以前は、身体障害者と知的障害者のみが使える制度になっていました）。ただ、同伴者が必須だったり、単独利用の場合も乗車距離が100km以上でないと割引の対象外だったりといった「謎ルール」は撤廃されないままなので、日常的に割引を活用できるかというと、そうではない場合が多いのではないかと思います。

これらの「謎ルール」は、国鉄時代につくられた制度が引き継がれているだけであり、妥当性がないことが指摘されています。当事者によるオンライン署名サイトも立ち上がっています。バリアフリーが進みつつある現代では、障害者単独で公共交通機関を利用する方も多いです。「謎ルール」を撤廃し、時代に即した障害者割引の制度に改善されることを望みます。

・精神科病院での拘束を減らす、脱施設化

日本は精神科の病床数が多く、脱施設化が進んでいないことが指摘されています。ここ

まで書いてきたように、障害者福祉は非常に手薄で、家族からの経済的な支援があることが前提の仕組みになっており、精神障害者が親元を離れ、地域で豊かに暮らしていくビジョンを持つのはかなり難しくなってしまっています。2023年にETVで取り上げられ、問題となった「滝山病院」では、患者に対する虐待や暴行が日常的に行われており、死亡退院率が非常に高いことが指摘されました。その背景には、精神障害者を支えきれなくなった家族や役所が、滝山病院をいわゆる「姥捨山」のようなかたちで必要としているという状況があります。

精神障害者が人権を保障され、地域で豊かに暮らしていくためには、福祉を手厚くして家族への依存・負担を減らすだけではなく、障害者雇用や作業所のあり方なども見直していく必要があります。問題は多岐に渡りますが、諦めずに声を上げていきたいです。

インタビュー②　名前氏さん

精神障害を持つクィアと一言で言っても、実際の当事者のあり方は様々です。病気・障害の程度やそれらとの付き合い方、利用している制度やサービス、性的指向やジェンダー・アイデンティティ、これまでの経験や考え方などなど、どれをとっても三者三様です。

そこで、わたしの周りにいる3名の精神障害を持つクィアにインタビューを実施してみました。それぞれの経験や考え方を通して、問題を多角的に捉えてみたいです。

今回は、バイセクシュアルで双極性障害I型の診断を受けている名前氏さんに、お金のことや体調管理を求めてくる社会の風潮などについて伺いました。

――まず、ご自身の病気や障害の状態について教えてください。

２０１７年に双極性障害（現在は双極症）Ｉ型と診断されました。病状は結構安定していて、就労は多少できるんですけれど、ちょっと動けるなってときに6時間とか働いてしまうと、何ヶ月間か寝込む期間が生まれたりします。行動によって病状が左右されるので、いまは3時間勤務で働きながら、病気とうまくやりつつ……。最近は躁状態で、あまり睡眠が取れていません。眠剤がないと中途覚醒が起きます。

――「病気とうまくやりつつ……」とおっしゃった部分について詳しく聞きたいです。

「うまくやる」「工夫する」「病気をコントロールする」みたいな、これまで「そんなことできるか、ボケ！」と思っていた憎たらしい概念を、カウンセリングに通い出してからちょっとずつ自分の中に取り込んでいったんです。全部はコントロールできないけれど、2割くらいだったら舵をとれるな、と。例えば、野菜を大量に買い込んで調理するようになったら躁状態の兆候なので、それに気づけたら、野菜を腐らせてもいいから調理はやめる。段々と自分の出すサインが分かってきました。

——わたしも就労移行支援で、就労するために病気をコントロールしたり工夫したりといったことを求められて「そんなことできるかよ！」と思いました。企業の側からしたら不十分なんだろうけれど、こちらとしては、すでに病気と付き合いながらなんとか生きているわけで、そこの頑張りも認めてほしいし、企業や社会の側からもっと歩み寄ってほしいですよね。

ちょっと話が飛ぶんですけれど、コロナ禍になってリモートワークがわーっと広まったじゃないですか。「(やろうと思えば）できたんかい」ってすごく不満に思いましたね。だったら、出勤できない身体障害者やちょっとした入力作業ならできるっていう精神障害者も働けたじゃんって。「こちらにばっかり工夫を求めるけれど、あなたたちにもできることはあるんじゃないですか？」って思います。我々の都合というのは、体感で言うと、健常者の3分の1くらいしか聞き入れられない。

――現在の社会、例えば就労や福祉の制度について、思うことや変えてほしいことなどはありますか？

いっぱいあります（笑）。とりあえず、なんでこんなにお金がないんだろうって、働けてたときも働けてなかったときもずっと思ってきました。例えば、わたしは障害者雇用で1日3時間しか働いていなくて、でもわたしの全力がそれだから、暮らせるだけのお金をもらっていないとおかしい。賃金が低すぎるって（障害者就業・生活支援センターの）支援員さんに相談してみたことがあるんですけれど、障害年金の受給額と賃金を足して、「食費はこれくらい」「美容にかかるお金はこれくらい」って勝手に設定されて、「はい、足りるね」って表に書かれて。でもわたしはロリータ服とか、いらんものも欲しいなって思ったんですよ。ほかのひとと同じように、無駄なものも普通に欲しい。精神障害を取り扱っているとある雑誌でも、「お金の話」という特集があったので読んだんですけれど、ものの見事に節約特集みたいになっていて、ドン引きしました。「障害者がどういう生活を送っていると想定されているのだろうか」と疑問に思うようなお金しかもらえていない。生きてほしいって誰からも思われていない。

ちょっと話が逸れるんですが、障害者同士で、自助会とか読書会とかやったとしてもあんまりこういう話にならなくて。与えられたものでどう工夫してやっていくかということに常に頭を使っているような感じがします。制度や社会がもっと変わればいいのになって言ったときに、「あなたの体調がすべて」みたいに言ってくるひとに包囲されて暮らしていると、自分もそう思わされていく。それ以外に自分の生活を改善していく手段がないって思ってしまう。

――体調管理をしていたら1日が終わってしまうんですよね。もちろん最低限はやるけれど、体調のことばかり構っていられないというか、体調を整えるより制度を変えるほうがまだワンチャンあるかもって思います。

そうですよね。体調管理だけで一生が終わっちゃいます。わたしは「体調は変えられないけれど、制度はひとがつくったものだから変えられる」ってよく言うのですが、怒ったり不満に思ったり嘆いたりするひとは本当に少ない。

あとは、入院環境が良くない。措置入院と任意入院を1回ずつやっているんですけれど、躁状態や鬱状態から抜け出しているのと自分も医師も分かっているのに、携帯電話を使わせてもらえませんでした。なので、公衆電話で友達に電話するとか、手紙を書いて彼氏に送るとかしていました。あとは、お風呂にみんなで一気に入るとか、それも3日に1回しか入らせてもらえないとか、人権侵害的なことがたくさんありました。滝山病院だけじゃなくて、普通の病院もヤバいんでどうにかしてほしい。

――最後に、精神障害を抱えたクィアという、いわゆるダブルマイノリティの立場で何か思うことはありますか?

精神障害についてもセクシュアリティについても見た目では分からないので、透明になっている、健常者でシスヘテであることが前提にされている感じがします。女の子と付き合いかけたことも、女性用風俗で働いていたこともあるし、あとはいま自分の性自認があやふやになっているんですけれど、そのことを話せるひとがあまりいなくて。話すことで生じる不利益が大きいなって思って。「いない存在」として生きている。パートナー(男性)と街を歩くとき、健常者のシスヘテ女子として見られているんだろうなって思うと、落ち込むっていうか、社会とのズレを感じているのにそのズレはなかったことになっているようで、違和感があります。

――ありがとうございました。

〈名前氏さんプロフィール〉

名前氏

双極症一型と2017年に診断済。

イライラして無鉄砲な行動に出る激しい躁状態やこの世の全てが苦しめてくる！　といったひどい鬱状態を薬で予防中。

治療を始めて症状がマイルドになってからは、ZINEを作って売ったり、軽作業や事務の仕事をしながら障害年金を受給し暮らしている。

生存できるのはもちろん、生きているのがちょっとは楽しいと感じられるだけのお金や福祉、教育、ただ存在できる場所などを社会の全員に無条件に保障してくれ！　と思っている。

第3部
寝たきりからの回復

首の筋肉おちた

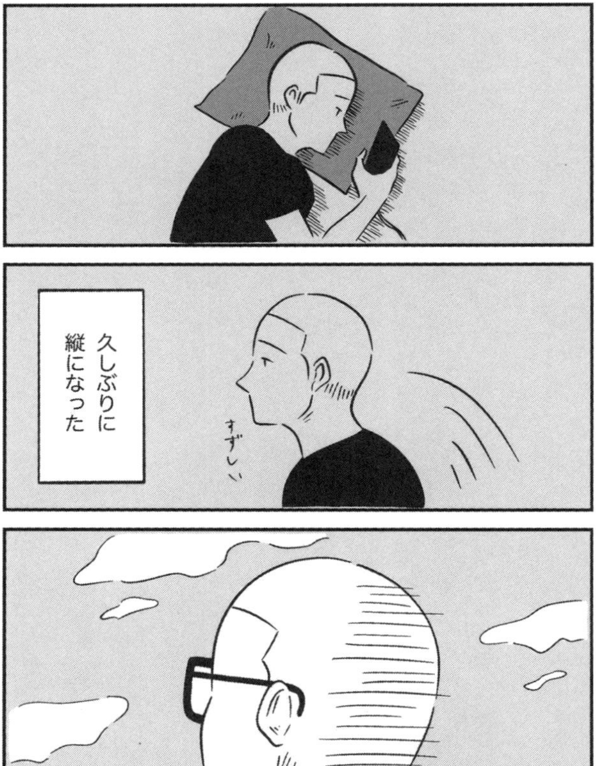
久しぶりに縦になった
すずしい
頭って重いね

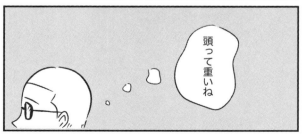

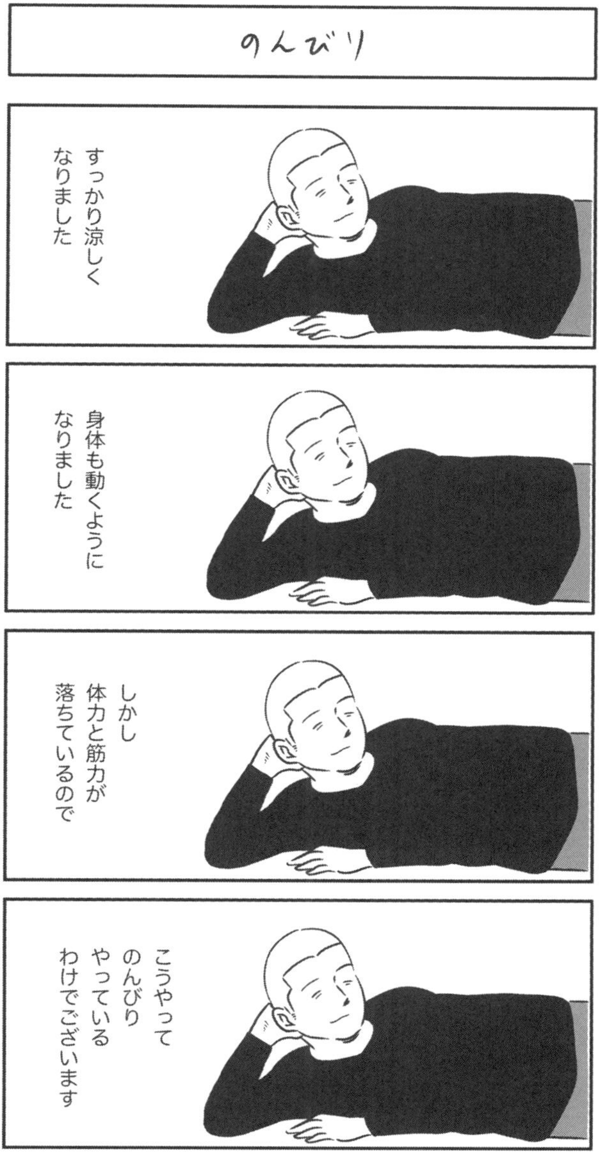
のんびり
すっかり涼しく
なりました
身体も動くように
なりました
しかし
体力と筋力が
落ちているので
こうやって
のんびり
やっている
わけでございます

生きている

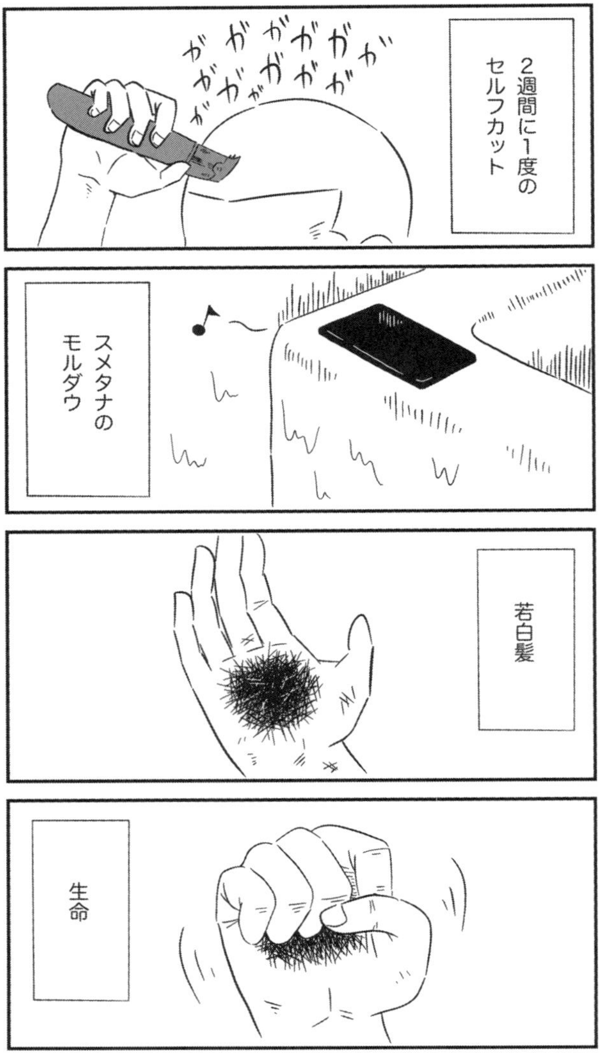
2週間に1度のセルフカット
がががががが
ががゕがががが
スメタナのモルダウ
若白髪
生命

分からない

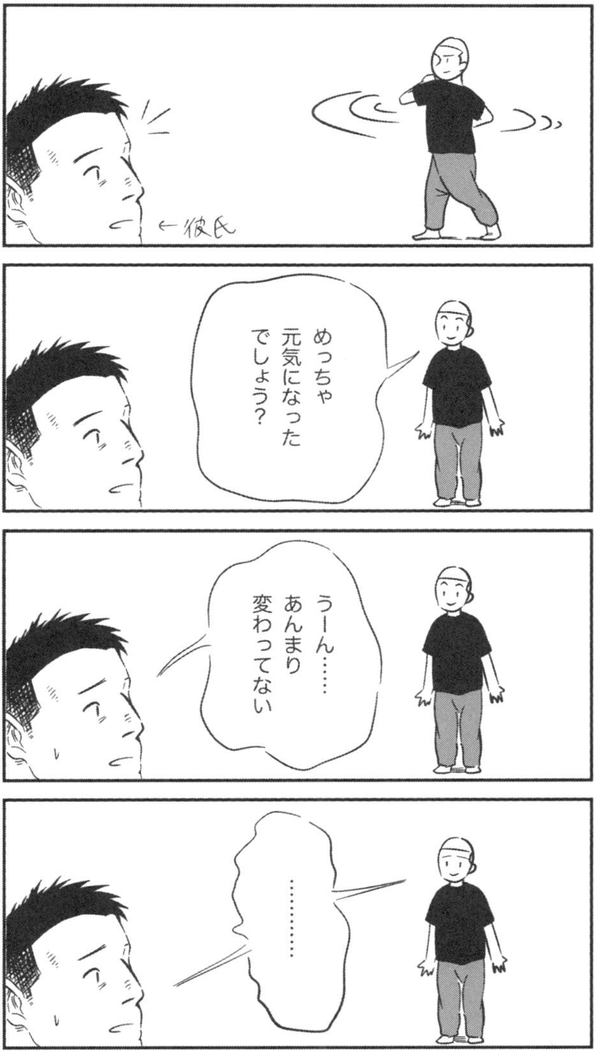

冬支度

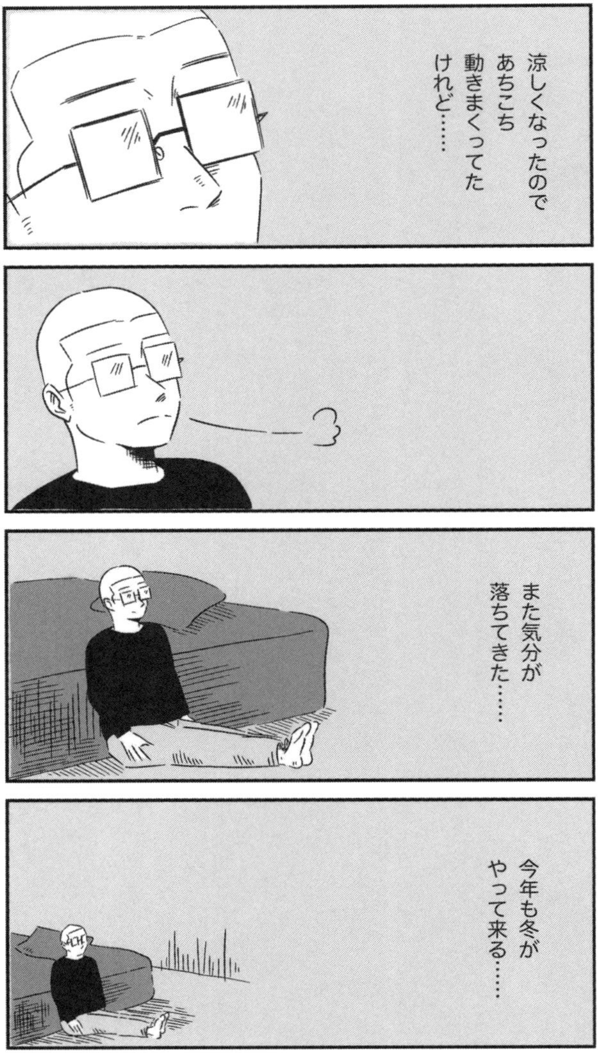
涼しくなったので
あちこち
動きまくってた
けれど……
また気分が
落ちてきた……
今年も冬が
やって来る……

一歩

タイムカプセル

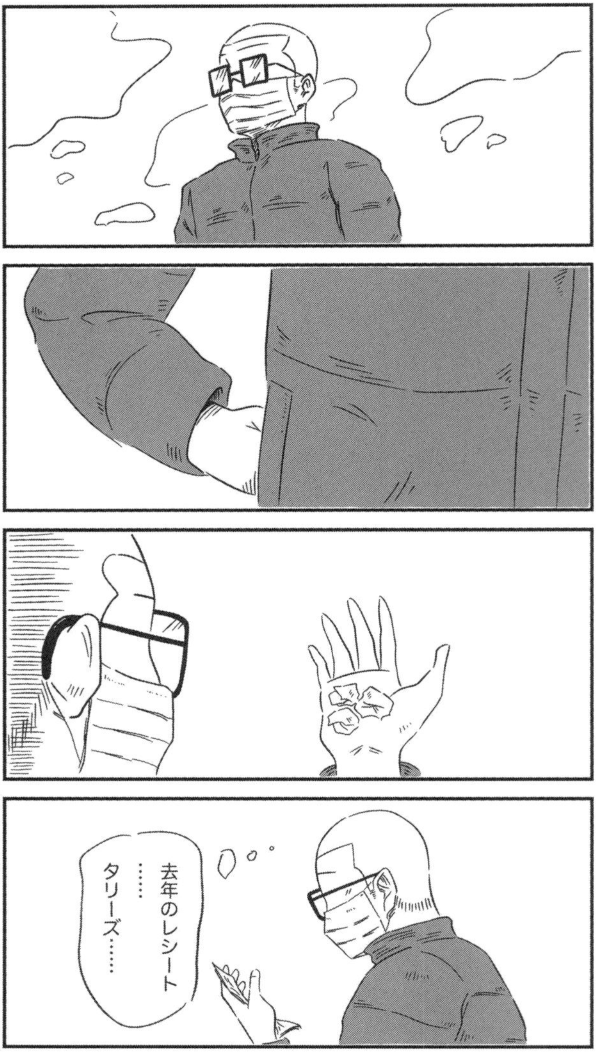

植物
ガジュマルが
うちに来てから
もうすぐ1カ月
日当たり最悪
だけど……
なんとか生きている
しっかり飲め

日記

毎日消えたいと
思っているのに
さみー
日記帳を買ってしまった
しかも三年日記
2024
2025
2026
Diary
生きる気満々みたいでウケる
書くこと何もねえ……

更新①
自立支援と障害者手帳の更新のお知らせが来ました
申請書と診断書が同封されているありがたい……
自立支援と手帳を同時に更新する場合、同封の診断書は使用せず、障害福祉課にお問い合わせの上、手帳用の診断書と交換してください。
ん?
…………
来週やればいいか……
つづく

更新②

21 障害福祉課
職員
いやあ~よく気づいてくださいました
……
診断書を交換せずに手続きを進めてしまうとお金が二重でかかるんですよね
え!?
手帳の診断書代 5,000円
自立支援の診断書代 3,000円
計 8,000円※
なんやこのクソシステム……
※診断書の作成にかかる費用は病院によって異なります。

つづく?

元気
ガシガシ動けるときが元気なときだと思いがちだけど
うおおおお!!!
それはほんの一時期でしかなくて
まったりお茶できるくらいの気力や体力があるときだって
元気なときなのだ
……と気づいた

☆いまさら感すごい

外出

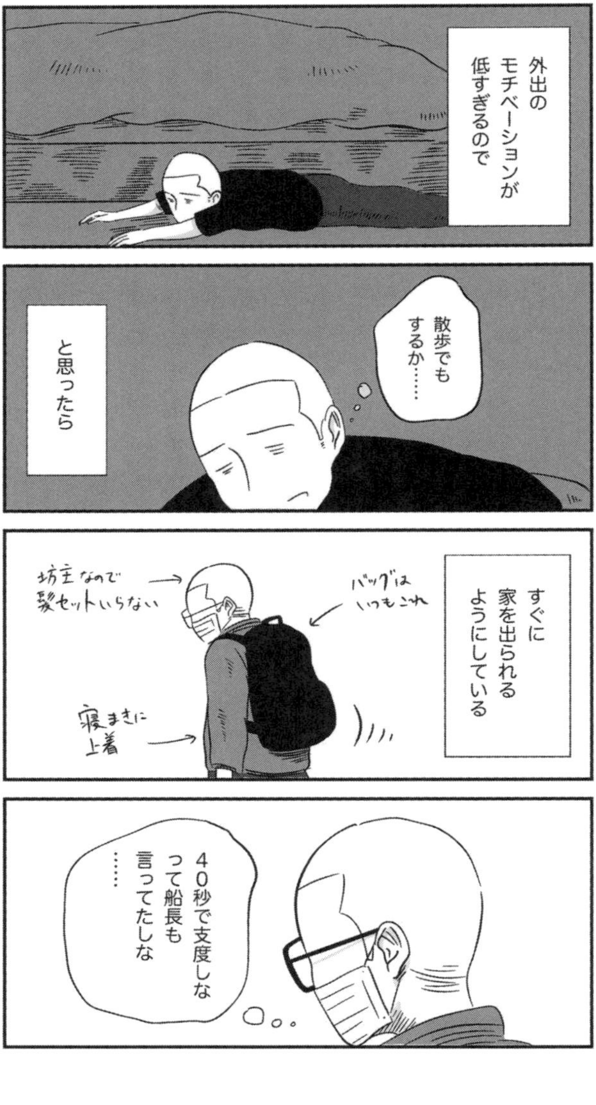
外出のモチベーションが低すぎるので
散歩でもするか……
と思ったら
すぐに家を出られるようにしている
バッグはいつもこれ
坊主なので髪セットいらない
寝まきに上着
40秒で支度しなって船長も言ってたしな……

更新③

これまでのあらすじ
自立支援医療と精神障害者保健福祉手帳の更新のお知らせが来たよ!!
手続きだるいけど必要なやつなのでがんばります……
病院で診断書を書いてもらって
五千円です
高え……
証明写真を撮って
パシャ
太ったな
あとは書類を記入して窓口で提出!!
おつかれさまでした
よろしくおねがいします

つづく

更新④

新しい手帳と受給者証が届くまで約3ヶ月ほどかかるそう
ゆっくり待ちます.
それまでは申請書の「控え」を使用します
ただの紙なので無くしがち
それにしても……
おねがいします
手帳は2年に1回自立支援は毎年更新って
頻度高すぎじゃない……？

おわり

自己分析
…………
たぶん
最近すごく
テンションが
高い……
読書したり
マンガ描いたり
ジン作ったり
ポッドキャスト
やったり
活動量が
多すぎる……
でも自分で
制御できるか
っていうと
微妙なんだよな
……

☆バーンアウト一直線

デート①

彼氏と電話
週末したいこと なんかある?
イス見に 行きたい
おっけ
家具屋さんへ
いっぱいある!!
おおっ
めっちゃ 座り心地いい
このひとって……
悩むの好き なんだよな……
あっちも 座ってみよ
疲れた

つづく

デート②

前回までのあらすじ
イスを見に家具屋さんへ行きました
……けど、購入は見送るそうです
もうちょっと迷いたい
このあとどうする？
お茶？
いいね
あっちにカフェあるよ
おー
行ってみる？
行こ
カフェまで遠い？
すぐそこだよ
到着
ハァハァ
遠いわ
大丈夫？

つづく

デート③

つづく

デート④

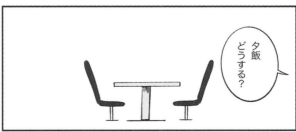

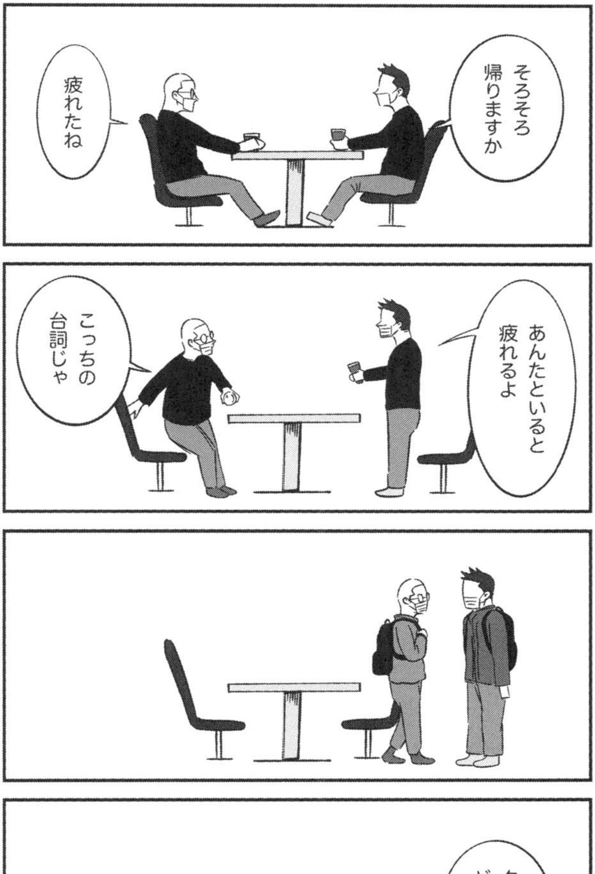

おわり

校長

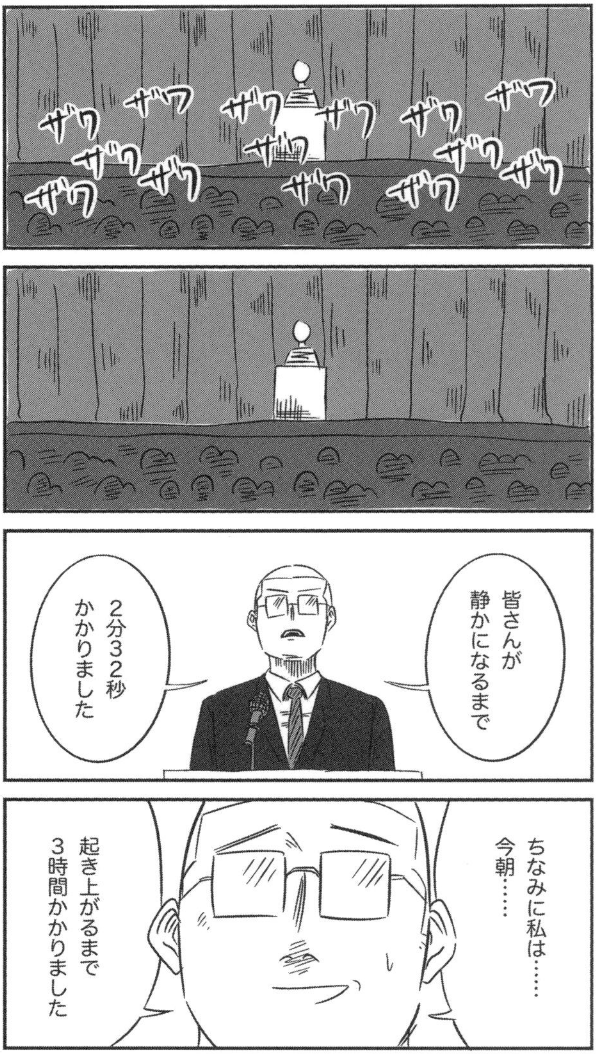

ザワ ザワ ザワ ザワ ザワ ザワ ザワ ザワ ザワ ザワ ザワ ザワ ザワ ザワ
皆さんが静かになるまで
2分32秒かかりました
ちなみに私は……
今朝……
起き上がるまで3時間かかりました

体力職人

体力職人の朝は早い
頭痛え 気圧ヤバ
早めに薬飲んで休もう
回復したのでごはん食べて
それからストレッチ
ふー……
疲れた
体調管理だけで半日終わる……

精神科デイケア①

つづく

精神科デイケア②

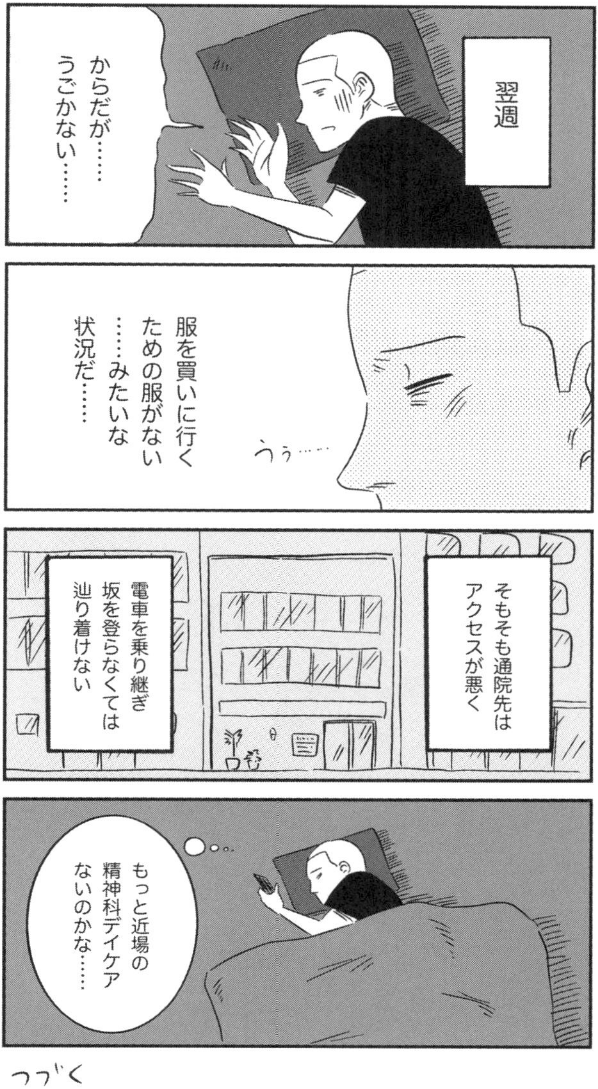
翌週
からだが……
うごかない……
服を買いに行くための服がない……みたいな状況だ……
うぅ……
そもそも通院先はアクセスが悪く
電車を乗り継ぎ坂を登らなくては辿り着けない
もっと近場の精神科デイケアないのかな……

つづく

精神科デイケア③

さらに翌週
デイケアに参加
(1時間遅刻)
今日は生活習慣病について勉強会をやってるみたい
食生活見直さないとなあ……
普通にタメになる

つづく

精神科デイケア④

まだつづく

精神科デイケア⑤

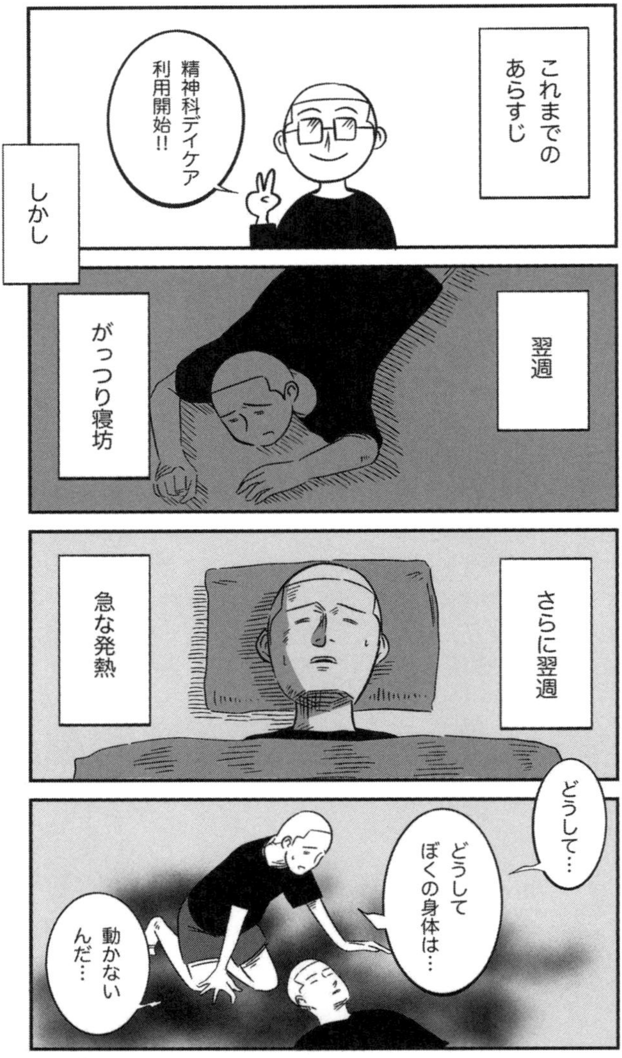

つづく

精神科デイケア⑥

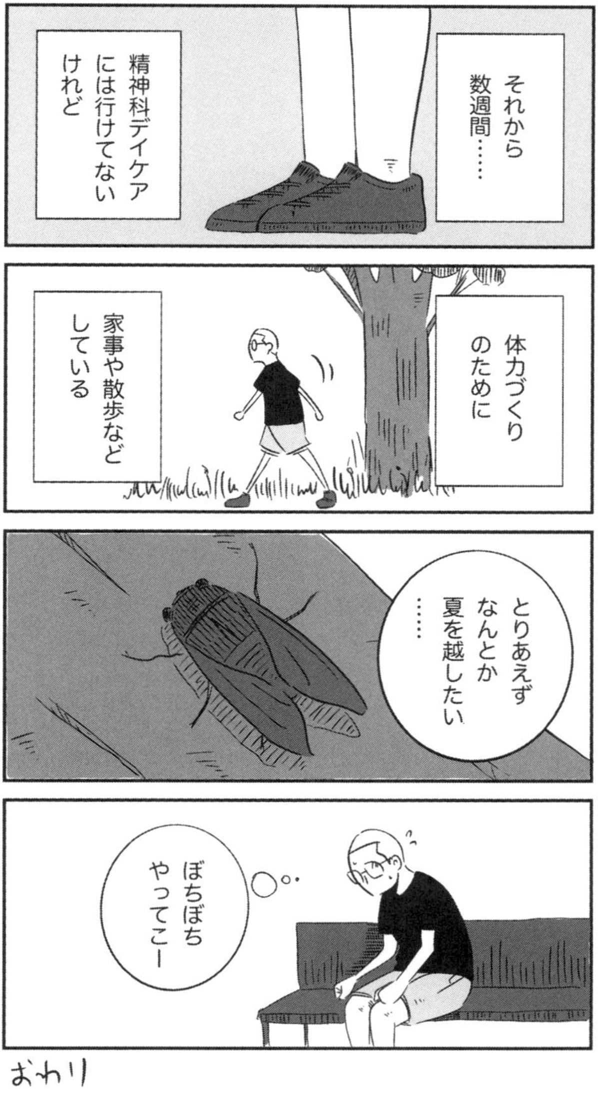

おわり

延命

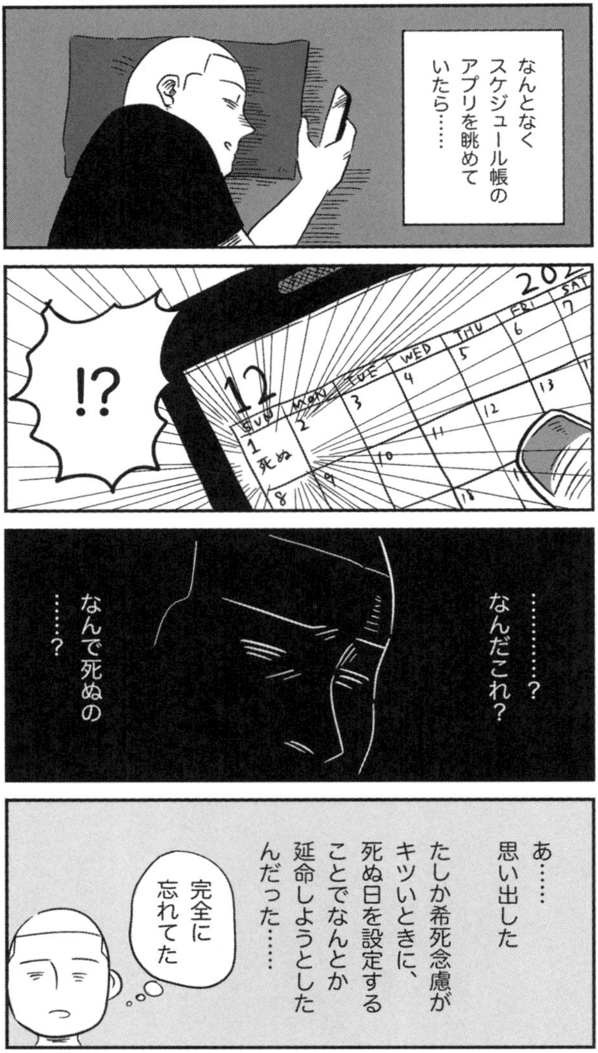
なんとなくスケジュール帳のアプリを眺めていたら……
!?
12
SUN MON TUE WED THU FRI SAT
1 死ぬ
………なんだこれ？
なんで死ぬの……？
あ……思い出した
たしか希死念慮がキツいときに、死ぬ日を設定することでなんとか延命しようとしたんだった……
完全に忘れてた

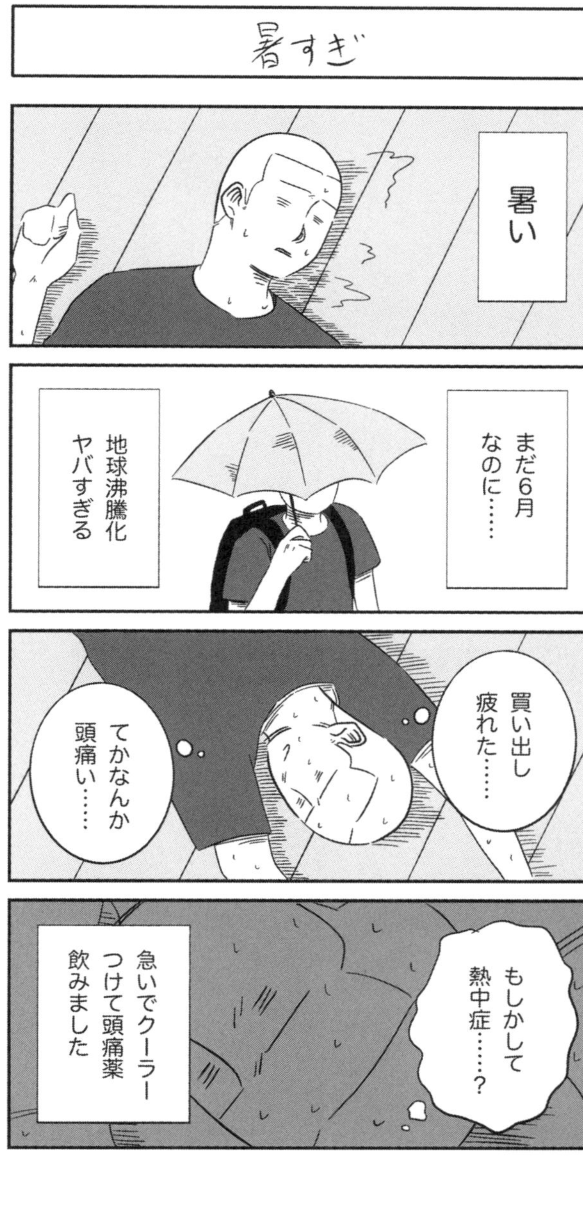
暑すぎ
暑い
まだ6月なのに……
地球沸騰化ヤバすぎる
買い出し疲れた……
てかなんか頭痛い……
もしかして熱中症……？
急いでクーラーつけて頭痛薬飲みました

2周目

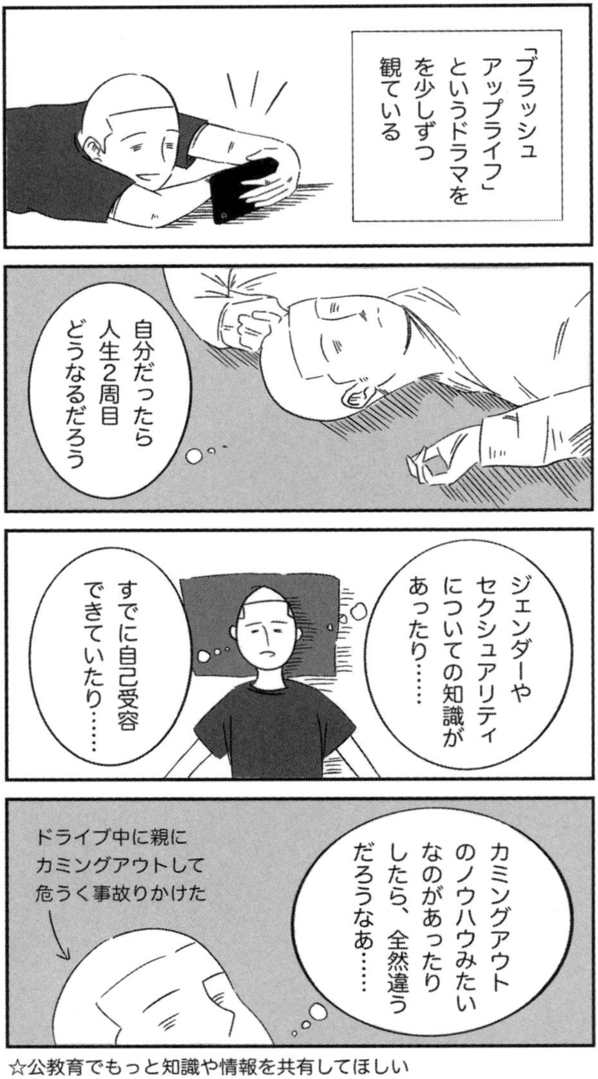
「ブラッシュアップライフ」というドラマを少しずつ観ている
自分だったら人生2周目どうなるだろう
ジェンダーやセクシュアリティについての知識があったり……
すでに自己受容できていたり……
カミングアウトのノウハウみたいなのがあったりしたら、全然違うだろうなあ……
ドライブ中に親にカミングアウトして危うく事故りかけた

☆公教育でもっと知識や情報を共有してほしい

ぐったり

半年前と比べると……
寝たきりで体力も筋力も低下
だいぶ体力ついてきた
〜♪
ちょっとした外出も苦にならない
お散歩だ〜!!
でもやっぱり横が楽だわ
つかれた……

妹と再会①

妹と再会
やっほー
たぶん2年ぶり
元気してた?
ぼちぼちかな~
トッポキうまっ
妹には、ぼくが高校生のときにカミングアウトしたのだが……
あーうん……なんとなく分かってた
……と言われ驚いた記憶がある

つづく

妹と再会②

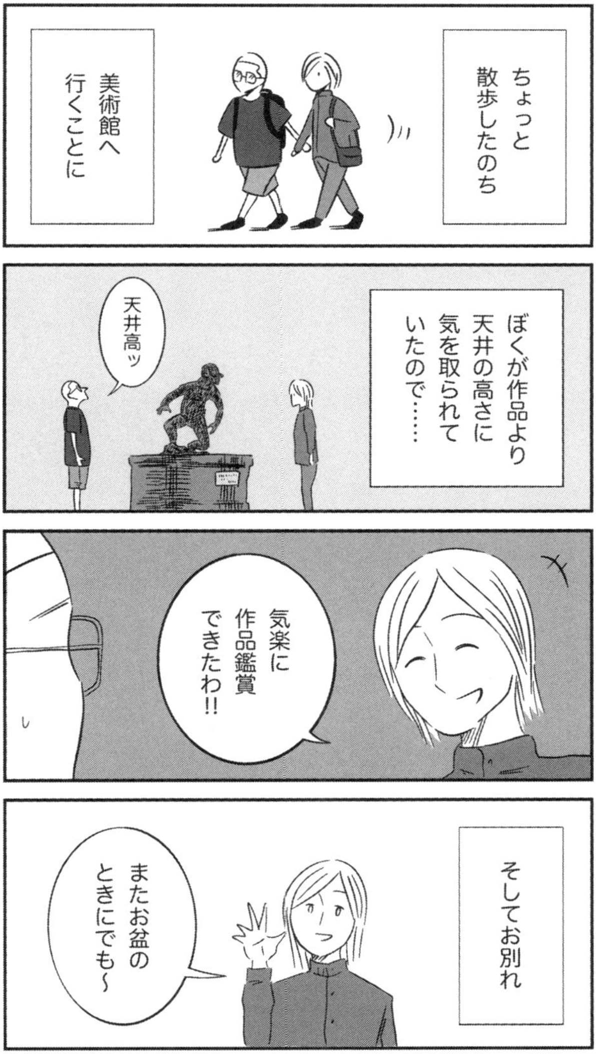
ちょっと散歩したのち
美術館へ行くことに
ぼくが作品より天井の高さに気を取られていたので……
天井高ッ
気楽に作品鑑賞できたわ!!
そしてお別れ
またお盆のときにでも～

☆今年はお盆帰れるかな……

サングラス

サングラス買ってみた
うーん……
これはいい……
蛍光灯のチカチカがだいぶ軽減される
外出時の疲労も軽減されてる気がする
世界が眩しすぎたのだな……

あれ？

説明下手

彼氏は説明下手
どう?
いちご
うーん……いちご
モグモグ
……酸っぱい?
いや甘さもある
甘酸っぱい?
んーそんな感じ
自分で説明しなさいよ

ヤングケアラー?
うつ病で寝込んでいるときに
ふと思い出した
母もよく体調を崩して寝込むひとだった
不登校だったぼくは
マッサージや家事などをやっていた
似てしまったなあ……

増えました

☆炭酸リチウムってやつです

ビッグウェーブ

うつ病
良くなったり悪くなったりの繰り返し
障害の社会モデルの観点から
就労や福祉の制度が変わればもっと生きやすくなるのに……
と思う一方で
この体調の波とは
一生付き合っていかないといけない……

LGBTQに対する差別や偏見に反対するイベント
プライドパレード
同性婚
街中を歩いて回る
かなり歩く
ハッピープライド!!
疲れる……
ハッピープライド!
ぜんぜんハッピーじゃないよ……
社会を変えたいから来てるんだよ……
私たちに人権を
人権、大事!

イベント会場には
ブースが並ぶ
株式会社〇〇〇
有名な企業や
団体がいっぱい
Tシャツほしい
……けど高いな
経済がぐるぐる
回っておる……

元気もお金も
ないので
近くの公園で
寝転ぶ
疲れた……
お腹減った
電車混む前に
帰ろう……

精神障害を抱えた貧しいクィアが、布団の中から蜂起する！

わたしは高校生の頃から地元のＬＧＢＴＱコミュニティに関わり、交流会やミーティングに参加したりしていました。それから大学生になって、２０１５年頃に渋谷区や世田谷区で同性パートナーシップ制度が制定されました。その頃から、ＬＧＢＴＱの抱える困難や差別的な状況がメディアで取り上げられる頻度が一気に増えていきました。電通ダイバーシティ・ラボがＬＧＢＴ市場規模を約５・９兆円と算出したのもこの頃です。

ＬＧＢＴＱの社会運動に資本がより参入するようになり、運動の規模もますます拡大していきました。その一方で、当事者のひとりとしては、居心地の悪さを感じたり、「このままでいいのだろうか？」と問題意識を抱くようになりました。２０１７年には、東京レインボープライドの代表が「マーケットになって、はじめて人権が得られるという側面はあると思う」と発言し、批判されました。

この間、わたしはＬＧＢＴＱのコミュニティや社会運動に積極的に関わる時期もあれば、距離を置いて遠くから眺めるような時期もあったり、オルタナティブなあり方を模索する時期もあったりしました。精神障害を抱えた貧しいクィアのひとりとして、いまのＬＧＢＴＱの社会運動についていろいろと思うことがあるので、いくつか挙げてみます。

ありふれたピンクウォッシュ

アメリカやイスラエルによるパレスチナなどのイスラム圏に対する攻撃、外交的圧力、占領、アパルトヘイト政策を、ＬＧＢＴＱフレンドリーな先進国のイメージで覆い隠そうとする・正当化しようとすることを「ピンクウォッシュ／ピンクウォッシング」といいます。日本においても、東京レインボープライドにイスラエル大使館がブースを出展していたり、プライドハウス東京レガシーのコンソーシアムの一員としてイスラエル大使館が名を連ねていたり※しており、ピンクウォッシュに加担していると指摘・批判されてきました。

また、野宿者を宮下公園や美竹公園から追い出して排除する一方で、同性パートナーシップ制度を施行し、ダイバーシティのイメージ戦略を行う渋谷区に対しても「これはピンクウォッシュだ」と批判がなされてきました。

人権問題としてLGBTQの権利を保障していこうとするのであれば、パレスチナに住むひとびとや野宿者の人権を侵害することがあってはならないはずです。殺してもいい生命と殺してはならない生命があるかのようなダブルスタンダードは棄却されるべきだし、どちらかというと（いや、間違いなく）「殺してもいい生命」のほうに入れられるであろう精神障害を抱えた貧しいクィアであるというわたしの立場を自覚するたびに、心の底からゾッとします。

※2024年1月31日をもってイスラエル大使館からの後援は終了

精神障害を抱えた貧しいクィアがここにいるよ

異性愛規範や家父長制、性別二元論、性別役割分業、ホモフォビア、トランスフォビア、恋愛伴侶規範など、LGBTQの実存を否定・抑圧するような社会のあり方が数多く指摘されています。そのような社会的な背景もあって、LGBTQは精神疾患を発症するリスクが高いことが指摘されていますが、それでは精神障害を抱えたクィアの存在が認知されたり、精神障害を抱えたクィアが抱えている困難について話せる場がたくさんあるのかというと、そうではありません（東京では、「カラフル@はーと」という団体が定期的に当事者を対象とした自助ミーティングを開いていますが、それ以外の活動をわたしは知りません）。社会全体がそうであるのと同じように、LGBTQコミュニティもまた精神障害について理解がなかったり、「キチガイ」「メンヘラ」「頭がおかしい」などといった言葉やイメージが飛び交ってしまっているのが現状です。

精神障害を抱えると、貧困状態に陥りやすいです。体調が安定しないためにフルタイム就労が厳しかったり、障害者雇用やA型作業所の賃金が低かったり、障害年金の審査基準が厳しかったり、障害年金の支給額が低かったり、生活保護の受給額が低かったりと、福祉制度が充実していないために経済的に困窮してしまいやすいのです。貧しいクィアは、LGBTQコミュニティでも肩身の狭い思いをしがちです。クィアが集まるバーに行くにしても、交流会に参加するにしてもお金がかかります。マッチングアプリや掲示板では、「経済的に自立している」「精神疾患がない」ことを条件のひとつに書いているひとも少なくありません。

社会全体で精神障害やクィアについての理解や権利保障を進めていくのはもちろん、ＬＧＢＴＱコミュニティにおいても、精神障害についての知識を共有し、差別をなくしていってほしいと思います。

個人単位の権利保障の必要性

ＬＧＢＴＱの社会運動が抱えるイシューはたくさんあるのですが、どうしても注目されやすいのが同性婚や同性カップルの話です。ほとんどのクィアが見た目だけでは判別しづらいなか、例えば同じタキシードやウェディングドレスなどを着て並ぶ同性カップルの姿はパッと見でそれだと分かりやすいですし、裕福で容姿が良い同性カップルの姿はメディア映えしますし、企業もそのようなひとたちに向けた商品やサービスをつくり、消費を促します。「結婚の自由をすべての人に - Marriage for All Japan -」の訴訟も注目されています。一方で、パートナーがいないクィアやそもそも恋愛や性愛に関心がないクィア、婚姻制度を利用したくないクィア、貧困状態にあるクィアなどの存在は取り上げられづらく、ＬＧＢＴＱの社会運動内部でもヒエラルキーが生じてしまっています。同性婚や婚姻の平等がイシューとして注目され、リソースが費やされていますが、ＬＧＢＴＱの子ども・若者に対するケアや権利保障、トランスジェンダーの就学や就労、経済的な負担の問題などについてももっと注目され、リソースが費やされるべきです。

わたしは現在、付き合って7年目になるパートナーがおり、一時は同棲していましたが、わたしがうつ病を悪化させ、失業したことにより同棲を解消しました。生活保護の受給も検討しましたが、収入がある同居人（世帯を分けていたとしても、同じ家に住んでいるだけで同居人と見なされます）がいると、その分、受給額が減ってしまい、パートナー1人の収入で2人分の生活費を賄うようなかたちになってしまうと思ったので、とてもじゃないけれどこれでは2人で暮らしていくことはできないと判断しました。同性婚や婚姻の平等はいますぐにでも実現してほしいですが、シングルのクィアもたくさんいることや、社会全体でシングルが増え、生涯未婚率も上昇していることも考えると、結婚をすることで優遇措置が得られるようにするのではなく、個人単位でさまざまな権利が保障されたり、充実した福祉制度を利用できるようにしていくほうが望ましいのではないかと思います。もちろん同性カップルが婚姻制度を利用できないのは差別であり、いますぐにでも是正されるべきですが、個人単位での権利保障のほうにももっと注目してほしいと思います。

権力勾配を均していこう

前述したように、ＬＧＢＴＱコミュニティや社会運動の内部にも権力勾配があります。社会全体でもいまだに男性中心主義、健常者中心主義が根強いので、ＬＧＢＴＱコミュニティや社会運動においても同様の構造があります。比較的裕福で権力を持ちやすいシスジェンダーで健常者のゲイ男性は、ＬＧＢＴＱコミュニティや社会運動においてマジョリティです。ＬＧＢＴＱやクィアをテーマにしたイベントの登壇者や書籍の編著者や執筆者がシスジェンダーで健常者のゲイ男性ばかり……といった事例が散見されますが、コミュニティ内部の権力勾配を均していく努力がもっとなされてしかるべきだと思います。もちろんそれは一朝一夕で実現するものではないでしょう。それでも、多様なクィアの声がしっかりと受け止められ、何らかのかたちで反映されていくようなコミュニティ、社会運動のあり方を求めていきたいですし、そうすべきだと強く思います。

インタビュー③　ちゃげさん

精神障害を持つクィアと一言で言っても、実際の当事者のあり方は様々です。病気・障害の程度やそれらとの付き合い方、利用している制度やサービス、性的指向やジェンダー・アイデンティティ、これまでの経験や考え方などなど、どれをとっても三者三様です。

そこで、わたしの周りにいる3名の精神障害を持つクィアにインタビューを実施してみました。それぞれの経験や考え方を通して、問題を多角的に捉えてみたいです。

今回は、福岡県在住のちゃげさんに、福祉制度の使いづらさやB型作業所を利用して思ったことなどについて伺いました。

――まず、ご自身の病気や障害の状態について教えてください。

ぐったりしています。原因はよく分からない。疲れなのか、ストレスなのか。

――傍から見ていると、ちゃげさんってものすごく活動的なときがあり、「疲れないのかな、大丈夫かな」って心配になることがあります。

他人のことだと「ちょっと頑張りすぎじゃないかなあ」って分かるけれど、自分のことになると分からないんだよね。気付いたときには手遅れで、ぐったり（笑）。

――病気や障害を抱えながらどのように生活されているか教えてください。

B型作業所を利用していて、月1くらいで通院していて、生活保護を受給していて、いろんな用事をブッチしたり遅刻したりしながら暮らしています（笑）。B型作業所では、絵を描いたりしています。鉛筆を使って、教本の模写とか。B型作業所でフリー素材のW

ＥＢサイトを運営しているみたいで、ひとによっては、デジタルで描いたイラストをそのサイトに投稿したりしているようです。勤怠はゆるくて、遅れてもいいし、早めに帰ってもいいし、来れないときがあってもいい。連絡もＬＩＮＥでできるので、気楽です。めっちゃありがたい。電話で連絡しないといけなかったら、ブッチしてたと思う。

――現在の社会、例えば就労や福祉の制度について、思うことや変えてほしいことなどはありますか？

（自立支援医療などの）手続きが煩雑なことが多くて、だるいなあって思います。手続き自体の種類や数がいっぱいあるし、書類を記入したり準備したりと、ひとつひとつがめんどくさい。

いまは生活保護を受けていて、通っているＢ型作業所もわりと柔軟な感じなので特に困っていないけれど、バイトしていたときなどは、急に調子悪くなったりすることがあるので、欠席や遅刻に厳しいところが多くて大変でした。そこらへんがもうちょいゆるかったら続けられたのになっていうことがたくさんあります。

あとは、福祉の制度を利用するときに限らずだけれど、何かにつけて緊急連絡先を聞かれるのは困りがちかも。連絡がつくひとであれば誰でもいいって場合もあるけれど、続柄を聞かれる場合もあり、家族じゃないとダメっていうことが多い。

――どうしてその情報が必要なのか、理由を説明してほしいですよね。自分は家族とのコミュニケーションが上手くいっていないので、理由によっては友達や恋人の連絡先を書いたほうがいいと思うんだけれど、当たり前のように緊急連絡先を聞かれるので……。あと、最近気づいたんですけれど、福祉制度を利用していると、家族構成を聞かれる場面が多い。家系図みたいなのを書きながら、「兄弟の何番目ですか?」とか「ご両親はどちらに?」とか細かく聞いてくる。マジで嫌だ。

めっちゃだるいよね。「それ絶対いらんやろ」って情報まで聞かれるの嫌だ。

あとは、ひとりごとをずっと呟いているひととか、電車のドアを蹴っているひととかを動画に撮ってSNSにアップして、それが拡散されたりしているのを見ると、ちょっと怖いなって思う。自分もそういうこと(ひとりごとを呟いたり)したりすることがあるので、怖い。

──以前、とあるデモの様子がＳＮＳで話題になっていて、耳を塞ぎながらデモをやっている場所のあたりを足早に通り過ぎているひとを動画に撮って「現実から目を逸らしている！」と批判していたひとがいました。でも、聴覚過敏で大きい音が苦手だったのかもしれないし、自分も人混みの中にいるとパニック発作が起きることがあって、デモやイベントの中心地から遠ざかってしまったりするから、そういう様子を動画に撮られてＳＮＳにアップされたらと思うと怖い。

勝手に晒し上げないでほしいよね。

──あとは、障害者手帳のサイズが微妙に大きくて、財布に入らないのが不満だって話してなかった？

すっかり忘れてた。なぜ忘れていたかというと、いまは限界までハサミで切って、無理やり財布に入れているからです（笑）。自治体によるらしいんだけれど、福岡県は障害者手帳が紙製なので、早くカードにしてほしい。いつだったか、間違って洗濯してしまい、ボロボロになった障害者手帳の破片を継ぎ剥ぎして使っていたこともありました。

――最後に、精神障害を抱えたクィアという、いわゆるダブルマイノリティの立場で何か思うことはありますか？

通っているB型作業所が小さいところだから仕方ない部分もあるんだけれど、トイレが男女で分かれていて、わりと目につくところにあるので、使いづらい。少し離れたところにコンビニがあって、行こうと思えば行けるんだけれど、理由を聞かれたらだるいなあと思って、2、3ヶ月くらいずっと悩んでる。そのことについて話すタイミングもなくて……。

――わたしが利用していた就労移行支援はLGBTフレンドリーを謳っていて、いろいろ不満や問題に思う点はあったのですが、トイレが男女分けされておらず、作業をする場所とトイレの場所が離れていて、あまり目につかないところにあったので、そういう意味では良かったのかもしれない。

それめっちゃいいね。いつか必ず「腹痛え」ってなるときがあると思うので、早めに（対処法などを）考えておきたいです。

――ありがとうございました。

〈ちゃげさんプロフィール〉

ちゃげ

不気味の谷在住。ここ1ヶ月くらいで起きたゴキブリ大量発生を機にゴキブリ対策にハマる。おすすめのゴキブリ対策グッズは「ゴキブリムエンダー」。マジで効く。食べかけのものを放置しがちなのがよくないのは分かっているけど、むずい……。陰気なクィアパーティや「四面楚歌系クィアマガジン MagazineF」に関わったりしています！　よろしく！

あとがき

この文章を書いている2024年7月、わたしは29歳になりました。精神障害を持つクィアがこの社会で生きていくのは容易なことではなく、「生きづらいなあ」「しんどいなあ」とのたうち回りながら、その様子をマンガに描いてきました。わたし個人の経験を描くことが、社会の問題を照射することに繋がればいいなと考えています。

その一方で、「生きづらいなあ」「しんどいなあ」とのたうち回りながらも、なんだかんだ29年間生きてこられているのですから、すでにわたしもなんらかの生存者バイアス的なものを身につけているのでしょう。幸運や特権の上に生きていられる自分という立場を鑑みずにはいられないですし、権力勾配を均す努力をしなければと強く思います。

幸運や特権の上に立っているわたしですが、そのことを自覚しながらも、まだまだ「生きづらいなあ」「しんどいなあ」と言っていかなければならないと思っています。精神障害者や精神障害を持つクィアたちの声はまだまだ認知されているとは言えず、社会も制度ももっともっと変わってもらわないと困るからです。

この本が、精神障害を持つクィアのひとりとしての、ささやかな抵抗の一歩になることを心から願います。

本書はＳＮＳを中心に投稿していたマンガに描き下ろしのマンガや文章、インタビューを加えて単行本にしたものです。タイトルにある「にげにげ日記」は、ネットで公開しているブログから来ています。

最後に、謝辞を。いつもマンガを読んでくださっている皆さんのおかげで、ぼちぼちマンガを描き続けられております。ありがとうございます。時間と労力を割いて、ご自身の体験や考えをお話していただいた並木満さん、名前氏さん、ちゃげさんの御三方もありがとうございました。それから、マイペースながらもいつも支えてくれるパートナーと、初めパートナーの実家で飼っているコーギーのユズちゃんにも感謝しています。そして、初めての単行本化に際して、たくさんのアドバイスやご意見、励ましをいただいた編集者の家入祐輔さんにも大きな感謝を。

２０２４年７月29日

元気のないおさむ
1995年九州生まれ。小学4年生で不登校になり、6年間を自室で過ごす。定時制高校に進学し、ゲイであることをカミングアウト。大学では教授からセクハラを受け、就職先ではパワハラを受けるというハラハラの人生。うつ病とパニック障害の治療中。

元気のないおさむのにげにげ日記――うつ病クィアのみている日常

2024年12月10日　初版第1刷発行

著者 ――― 元気のないおさむ
発行者 ―― 平田　勝
発行 ――― 花伝社
発売 ――― 共栄書房
〒101-0065　東京都千代田区西神田2-5-11出版輸送ビル2F
電話　03-3263-3813
FAX　03-3239-8272
E-mail　info@kadensha.net
URL　https://www.kadensha.net
振替 ――― 00140-6-59661
装幀 ――― 六月
印刷・製本― 中央精版印刷株式会社

ISBN978-4-7634-2146-3 C0095

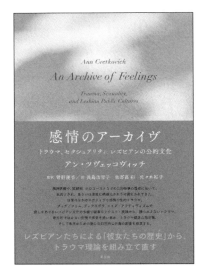